藍學堂

學習・奇趣・輕鬆讀

12堂中情局思考法與特務工作術

我在CIA學到的MBA實戰

前CIA探員・執行長・企業顧問・倫敦商學院創業導師

露波兒・帕特爾——著　方祖芳——譯

Rupal Patel

FROM CIA TO CEO

Unconventional Life Lessons for Thinking Bigger, Leading Better and Being Bolder

謹以此書獻給我的先人

目錄

我在CIA學到的MBA實戰
From CIA to CEO

第II部分
提升領導力

第Ⅲ部分

更膽大無畏

前言

我的檔案資料

我將近半數的職業生涯都在中央情報局度過，那段時間裡，我學到最有用的技能是敏銳地分析所有事物（包括我自己），並且將複雜的資訊組織成能夠派上用場的訊息。

中情局的工作讓我發現，即使最簡單的任務，都可能因為規畫不周、分析不力、缺乏支援或執行不當而失敗，而每一次成功的任務，規畫、分析、支援和執行扮演的關鍵作用，至今仍在我心中留下深刻印象。我把這套分析工具帶入為企業主管和新創公司創辦人提供的諮詢事業，我在本書分享的，正是我從中情局獲得的這套工具。

在接下來的內容中，我們要一起努力的任務是——協助你深入研究自己的特質和背景故事、以全新的方式分析和組織生活和工作，並以最有效率的方法，善加運用既有的優勢。我們會使用經過我再三測試、以CIA和CEO為基礎的技巧，幫助你發現、尊重和釋放內在的動力，讓你大放異彩。

不過開始討論你之前，先讓我分享一下自己的背景故事，以及我如何成為今天的模樣。

成為這樣的我

我在八〇年代，成長於重視教育的印度裔美國家庭。我的家庭很棒，祖父是自學的梵文和英文學者，畢生致力於為印度村莊的女孩爭取受教育的權利，也蓋過學校和圖書館、資助獎學金。我的父親童年時就發起換書服務，讓更多農村學生有教科書可用，他後來成為外科醫生，一直廣泛學習；我的母親出身於工程師和醫生世家，家族流傳著挑戰現狀的血液。在很多方面，我和我的手足都是符合刻板印象、出身自移民家庭的紐約人，從小沉浸於追求個人進步的價值觀，不過也重視對社會的貢獻。我們求學時努力唸書，父母期待我們做任何事都表現出色，希望我們把目標放在常春藤名校和明確的專業成就路徑。

他們不是「直升機父母」或「虎爸虎媽」，而且正好相反，父母灌輸我們紮實的價值觀，然後讓我們自己做決定。他們是忙碌的醫生，工作時間很長，沒時間管得太細，即使他們想管也做不到。此外，家裡人口眾多，有我和我的姐姐、一對雙胞胎兄弟，還有父母兩邊的祖父母和許多阿姨、叔叔和表親（以及阿姨、叔叔和表親的朋友）長年與我們同住。我們常開玩笑說我們位於史泰登島（Staten Island）的小屋是迷你埃利斯島[1]，數百名來自印度的移民在這裡踏上美國的土地，展開新生活。

我的成長過程一言難盡。我因為自己不是白人，經常感到不自在（或是旁人刻意讓我有這種感覺，童年時我經常聽到「眉心紅點鬼」、「賽駱駝人」和「頭巾人」這類字眼），但是也為自己聰明的印度家庭為榮。我不能有男性朋友，不過還是時不時溜出家門，和表親一起去夜店。我很「酷」，喜歡嘻哈和雷鬼（我的第一份工作是在一間獨立嘻哈廠牌），不過我也是「書呆子」，在高中名列前茅。我反對某些傳統，但是也珍惜我們對家庭廣泛的定義，表親等於兄弟姐妹、阿姨和叔叔就像父母一樣。

因為我生活在這麼多不同世界裡，身邊有這麼多人，卻沒有真正的歸屬感；因為我必須在這麼多身分之間轉換、有這麼多人際關係要處裡，卻沒有完全體現任何一種特質；因為我周圍有這麼多內心和外在的緊繃情緒，最渴望的卻是和諧。我發現自己處於許多范恩圖[2]的重疊部分，不完全屬於哪一邊讓我擅長駕馭混亂，以及找出方法連結未曾連接的事物。

我也很幸運，父母沒有管太多。他們當然為我和兄弟姐妹設定很高的標準，但是給予我們足夠空間，讓我們用自己的方法達成，也經常提醒我們起身時要扶別人一把。我和許許多多的移民孩子一樣，不辜負父母的期望表示在做任何事前，都不會忘了自己的作為必須讓父母引以為榮，畢竟他們為我們犧牲了那麼多。

1 譯注：Ellis Island，此島曾為移民管理局所在地，許多來自歐洲的移民在這裡踏上美國的土地

2 譯注：Venn diagrams，范恩圖是由兩個以上的圓圈組成，用來表示集合重疊的區域

我的履歷的確閃閃發光，在校成績永遠都是A（連我的血型都是A+），我擁有數間頂尖大學的學位（編按：作者擁有哥倫比亞大學學士、芝加哥大學碩士、倫敦商學院MBA等學位），暑期在海外擔任志工。不過我是以自己的方式閃耀，我唸的是政治學，在國務院實習時到阿拉伯半島的阿曼（Oman）工作和居住，那是我第一次體驗外交官和外派人士的生活。我沒有成為家人期望的醫生、律師或工程師，而是根據自己對數據和分析、語言和複雜事物的熱愛，規畫出個人路徑。進入中央情報局工作之後，我感覺就像回到家一樣。

在中情局的日子

我在中情局如魚得水。有六年時間，我被派駐在暴風的正中央，我們開玩笑說是「鏢槍尖尖的那頭」，身邊的人都才華橫溢。我們處理國際重要事務、揭開複雜訊息的神秘面紗。無論是工作和居住的地點，或是和我同住或共事的人，都是其他職業不可能帶來的體驗。經過幾個月的訓練後，我就被派到危險地區，在戰區規畫反叛亂戰略、經歷建立國家的險境，在戰事的關鍵轉折點為世界各地軍事和情報官員提供建議，獲得傑出服務獎狀和獎章。我當時才二十多歲。

這份工作就是那麼迷人，我在南美洲、南亞、歐洲旅行和居住；我走過西方權力和決策的殿堂；我為將軍、政策制定者和總統提供建議。而且我很開心，不是那種輕浮、隨性的開心，而是發自內心深處的滿足和純粹的喜悅，因為我不僅在做我在乎的事，還能以全新的方式運用我的身體和大腦。

我在中央情報局接受真正的戰鬥訓練（戰術駕駛、射擊步槍和手槍、為開放性氣胸檢傷分類、綁止血帶），以及心理的「戰鬥訓練」（分析各種假設、與外國聯絡人合作、和難纏的談判人員打交道）。全部都好有趣，除了滿足我內心書呆子和狠角色的一面，也讓我了解各種情報技巧，並在我的心中埋下種子，讓我在生活的不同層面以全新的方式受到滋養、轉換、延伸和運用。至今，這份工作依然是我的理想職業，也是磨練我許多技能的基石。加入中情局之前，我聰明、堅強，加入中情局之後，我變得更聰明、更堅強了。

此外，我有幸與幾名中情局優秀的主管共事（我會在第II部分進一步解釋），他們設下很高的標準和期望，我也欣然接受並全力以赴。

但是，即使如此，即使在對我來說這麼理想的環境裡，我仍然感受到內心的呼喚，告訴我不能貪圖安逸、要我測試自己還有哪些能耐，所以我決定離開中央情報局。用上將近十年全力以赴、全心奉獻，我選擇在最美好的時刻離開：中情局找到賓拉登（Bin Laden）、我協助新上任的中央情報局局長就職，這似乎是跳入未知領域的好時機，我想追求不一樣的挑戰、拓展不一樣的自己。

所以我到倫敦唸商學院，這是我一直很喜愛的城市，在那裡，我發現私人公司、企業家精神和國際商務的世界。

真是美麗新世界！

當然也有沒那麼美麗的一面。

等我把未曾連接的肌肉連接起來之後，我開始發現中情局的任務與企業經營和商業戰役的相似處。我永遠無法融入既有的商業模式，也不想浪費時間嘗試，所以我運用我在中情局獲得的技能，結合商學院學到的知識，開創自己的事業。在沒有任何背景的情況下，我以局外人的身分進入房地產投資和開發的圈子。我是美國人，年紀很輕，還是有色人種，就這樣打入英國中年白人男性的世界。我憑藉著中情局和商學院的訓練，以及從家人那裡學到的「一切皆有可能」的精神，全力奮戰。公司在十八個月內開始盈利，幾年後，我和創業夥伴都能過舒適的退休生活。

但是三十多歲就退休不符合我的天性，所以我又成立諮詢公司，為其他投資人和地產開發商提供諮詢和培訓服務，接著將客戶名單擴展到各行各業的領導人和企業家。

但是在內心深處，我總覺得自己還有未竟之志。

我，決定創業

所以這一次，我拿出中情局分析師的精神坐下來好好研究自己、調查內心的聲音，那個聲音告訴我，我還有更多成長空間、必須把目光投向更偉大的事業。我跟隨線索，尋找蛛絲馬跡。我變成自己的目標。我開始追蹤自己的人生旅程：所有高潮和低谷、最有活力和空虛沮喪的時候；我檢視自己感覺時光飛逝和度日如年的時候分別在做什麼；我和誰在一起？我如何運用大腦？我如何鍛鍊身體？我的心態和環境為何？

經過這套自我定位的練習，我發現三個大方向：㈠我喜歡培養自己的專業知識，並運用這些知識來幫助追求成長的聰明人；㈡我希望以書面或口頭方式分享這些知識；㈢我要培養人際關係、建立更多人脈。這些特質讓我在中情局如魚得水，我擅長在紛亂的情報中發現「信號」、為決策者解釋錯綜複雜的情況，以及連結原本毫不相干的訊息，但是我如何在情報世界以外運用這些資產呢？

我秉持優秀探員的做法，開始尋找機會。我列出分享專業知識的方法，包括寫作、演講、參與活動和建立人脈；我開始寫部落格；我發表演說；我舉辦沙龍（不是美髮沙龍，是十八世紀法國知識分子對話那種）；然後還有更多。我更專注於目標，同時不忘讓生活過得更完整，盡量多做生命在呼喚我去做的事。

整個過程中，我對於自己做不到或不想做的事，漸漸學會放手，甚至能夠原諒自己。當然，我從未停止成長和改變，但是我不再為了這個世界要我覺得無法融入而感到自責，並且找到方法接納真正的自我，不再強迫自己成為社會建構、單一的理想模樣。

也許最有趣的是，我發現我把心力放在發展自己的優勢，而不是沉溺於弱點之後，我的優勢變得更強大，弱點變得沒那麼重要。我可以改變和捏塑自己「應該」做的事，讓這些事變得有意義、能夠持續。

我分享過去種種，描述我如何了解和尊重自己真實的模樣，是想邀請你做同樣的事，並且證明這做得到。接納自己不是懶惰的藉口，也不是要你遮掩瑕疵，而是鼓勵你深入了解個人特質、發揮最大的潛力。找出最真實的自我，然後接受，甚至引以為榮。用自己的方式發光、發亮。

以下是我們的做法。

如何使用本書

在第I部分，我會解釋中情局思考模式的基本概念：從大處著眼，以及打破「不可能做到」的想法。我要協助你擺脫生命旅程中累積的情緒和感情牽絆，然後深入了解自己的特質、習慣、節奏和環境，為生活、領導和追求成功的方式創造全新的範本。從大處著眼要求你與身邊的人不顧情面、誠實的對話，以及與自己不顧情面、誠實的清算。做到這點並不容易，但是我會在一旁為你打氣，協助你完成任務。

在第II部分，我們會根據「大處著眼」的基礎，讓你更有效的領導，無論你身在何處、走到哪裡，也就是無論工作、家庭、人際關係，以及你和自己的關係，都「由你作主」。對於實踐價值觀、履行重要事物，以及面對憂慮、壓力和對你不利的人（有時偽裝成友誼），你都不接受不合理的待遇。正如我在中情局學到的，領導力與你的頭銜無關，而是關於技能和執行力。所以我會分享專業技巧，幫助你建立信心、對掌權者說真話、在生活中遇到甜蜜的陷阱出軌或分心時，能夠回到正軌。

然後在第Ⅲ部分，我會向你展示如何更勇敢地做每一件事。這是我離開中情局後，白手起家草創事業時訓練自己的方法。我會告訴你如何走出陰影，讓自己閃閃發光，展現自己最棒的一面，並運用刻意的無知，將自己推升到無法想像的境界。最後一章是維持這樣的運作方式，這樣就可以不斷進步、保持美好勇敢的模樣，並專注於使命。

書中分享的工具和技巧適用於職業生涯的所有階段（以及生活中幾乎所有層面），但是你必須努力找出這些方法適用於哪些情況，以及如何和何時使用。無論你是事業有成的總裁、把創業當成副業的創業家、剛起步的專業人士，或是介於以上任何範疇之間，請記得思考：「我還能在哪些地方使用這套工具？」讓自己發揮最大潛能、看看自己能走到多高、多遠的地方。

現在請繫好安全帶，準備開始翱翔。

第I部分

從大處著眼

第1章

深入了解自己的特質

任務名稱：接受自己的模樣

我這輩子大多數時間，都被迫接受自己的外在特質。小時候，同學認為我是「聰明的印度女生」，雖然我從小就在紐約出生長大；唸大學時，一些美籍印度裔同學稱我為「自我厭惡的印度女孩」，因為我結交「太多」黑人朋友；派駐到戰區時，我在占大宗的軍事人員眼中，是「平民分析員」；在國外生活和旅行，我被誤認為以色列人、墨西哥人、哥倫比亞人、蓋亞那人（Guyanese）、波蘭人（！）、巴基斯坦人、多明尼加人、波多黎各人、巴西人、衣索比亞人，還有幾乎任何國民皮膚是深棕色、捲髮的人。甚至有一次，在紐約一家酒吧，有人誤認我是傑出的英國小說家莎娣．史密斯（Zadie Smith），我當時應該大喊：「不是所有棕色皮膚的人看起來都一樣。」但是我只顧著受寵若驚，沒時間生氣。對於這種執意要把我分門別類的做法，我有時覺得很煩、有時覺得有趣，不過相同樣的是，在我宣布自己是美國人之後，接下來的問題必然是：「你真正出身自哪裡？」

我好像時常令人費解：「你不像典型的（插入各種特質描述）」、「你和我們想得不太一樣」、「你的背景很有趣（意思是不符常規）」，還有我的最愛：「你的手臂對女孩子來說太強壯了。」

我顯然難以理解、尷尬的存在，很難分類（這是中情局很適合我的另一個原因，那裡沒有人符合任何一種典型，但是每個人都能融入群體）。

我有很長一段時間都在吸收別人的困惑，時常覺得自己是怪人。我怎麼可能既強悍又敏感、善於分析又富有創造力、在某些方面傳統，其他方面卻思想前瞻、健美、肌肉發達，卻喜歡梳妝打扮和穿裙子？但是我漸漸發現，這些事情都不是矛盾的。只是我們潛在的奇怪文化，期望把複雜的事物用簡單、刻板的類別整齊歸類，但是事實上沒有人那麼整齊劃一。問題不在於我們放不進那些盒子，而是盒子本來就太小。

所以不要掉進那個陷阱，不要在根本沒必要的情況下強迫自己「融入」。做你自己，無論內心和外在都是，不管「矛不矛盾」，都要擁抱自己的特質。

深入了解自己的特質

只要你不是討厭鬼，又能接受做自己可能帶來的後果，你就不需要刻意融入或是淡化任何特質。

在這個章節，我會介紹讓生活和工作改頭換面的方法，同時幫助你接受、運用自己天生的與眾不同，釋放「融入」的壓力。

中情局探員執行任務時，必須沉浸於不同身分，才能讓別人相信他們的故事；在這裡，我們要檢視你的特質，讓你盡可能在自己的人生故事中發光發亮。我們會深入挖掘你的背景故事，找出你最能茁壯成長的環境，然後以有條理的方式執行、丟掉或委派填滿一天時間，卻不一定能讓你真心感到滿足的事，再來是解釋每個人的不同面貌，以及如何依據手頭上的任務指派合適的角色，並使用分析系統找出重組生活和工作的方式。

這對你來說會是全新的體驗，所以我鼓勵你暫時放下懷疑，就像我加入中情局時所做的那樣。對不尋常的事物抱持開放態度，全心進入我們即將探索的練習和心態技巧。

如同我們在中情局秉持的座右銘——「了解真實的自己，讓真相釋放你」。

我們開始吧。

分析自己的背景故事

每個人的生活都有深具意義的模式和主題，但是大多數人都忙著做事、追求成就、生存、競爭，因此沒有留意。這就是為何接下來關於背景故事的問題那麼重要，這些問題強迫我們停下腳步、仔細思考，然後採取實際行動。

之前提到我從CIA轉變為CEO的旅程中，總覺得自己還有未竟之志，我當時就是透過這些問題來尋找答案。如果你覺得自己有尚未完成或未展開的任務，或是有尚待挖掘的潛力，那麼深入了解你的背景故事，就能幫助你照亮前方的路徑，激發你過更真實、充實的生活。

你可能從來不曾有條理地分析自己的背景故事，所以不要急，找一個安靜、不受干擾的空間，坐下來思考六十到九十分鐘，然後把答案寫在筆記本或日誌上，或是到www.ciatoceo.com/bonuses下載可列印的版本。

背景故事練習

一、到目前為止，在職業和個人生活中，你感到最充實的時刻是什麼時候？試著多想幾個不同的例子來涵蓋生活的不同層面。當時你人在哪裡？在做什麼？和什麼樣的人在一起？

你如何運用大腦和身體？

二、在這些令你感到充實的時刻，有哪些反覆出現的主題？（你是團隊的一份子、你獨自工作、你在做創意相關的工作、你在幫助別人等等……）

三、你現在可以如何重新設計職業和生活，做更多令你感到滿足的事？你如何改變生活和工作的方式或地點，重現令你感到滿足的時刻？

四、你知道自己擅長什麼？別人說你擅長什麼？這些技能中你喜歡運用哪一些？你能不能依靠這些技能謀生？最棒的是找到一件你既擅長又喜歡做的事，而且大多數人也認為那件事有價值、願意付錢請你做，而且對社會有貢獻。

五、迄今為止，在你的職業生涯和個人生活中，哪些時刻最讓你感到挫折？同樣的，多想幾個不同的例子。當時你人在哪裡？在做什麼？和什麼樣的人在一起？你如何運用大腦和身體？

六、在這些令你感到挫折的時刻，有哪些反覆出現的主題？（你不清楚自己究竟要做什麼、你獨自工作、牽涉到太多相互競爭的利害關係人、共事的人缺乏動力、工作環境沒有「興奮感」等等……）

七、你可以做些什麼來減輕或消除這些挫折？

八、什麼人（例如創業夥伴、另一半等等）可以協助你重新設計職業或生活，好讓你做更多能夠感到滿足、更少挫折的事？

九、你需要什麼協助（財務支援、托育服務、外部機制等等），才能開始書寫最能讓你引以為榮的人生故事？

請記住，回答這些問題只是開端。所以請坐下來好好思考，想一想你能如何增加或刪減你正在做的事。往後在生活和職業持續發展的同時，要定期回顧這個練習並更新答案。這不是一勞永逸的練習。

工具1-1：高低好惡法

我自己在回答背景故事問題時，藉由一再出現的模式，發現我最有成就感的時刻是開發和分享專業知識，以及透過寫作和演講的形式與可能從中獲益的對象溝通，還有和聰明、有企圖心的人互動，但是我沒有突然放棄一切，馬上全心投入做這些事。這項練習的目的不是要你突如其來改變或過度專注自我，不過我的確開始尋找並設法多做一些為我帶來成就感、少做令我覺得挫折的事。我接受自己和我喜愛的事物，不過是以漸進實際的方式，將它們融入我的生活。

你也可以如法炮製，開始更頻繁地以此為基礎來做決定，在日常生活中加入更多為你帶來成就感的事物、減少令你沮喪的事。不是徹底翻轉，只是多加一點、減少一些。從現在開始。

做到這點並不容易，你需要騰出空間（我知道，我知道，你已經忙不過來了！），但是你可以做出更完善、更有條理的決定，選擇自己要關注什麼、把心力投注在哪些事情上，以及避開哪些，透過使用高低好惡分類法和3D法（我等一下就會解釋），讓你集中精力、準確執行。

因為我懂，身為公司總裁，你可能隨時都陷在收件匣的流沙裡、必須為即將到來的董事會決議提供建議、擔心女兒的感冒、掛念公司那筆重要生意能不能談成、想到自己肚子好餓、試著找出二十分鐘完成你一直拖延的跑步、對自己又得上廁所感到惱火（喝水的後果，真是浪費時間！）、調整即將召開的股東會談話要點，還有……

身為新創公司的創辦人，你可能要上十個不同的比價網站，為下週拜訪供應商的火車票找出最便宜的票價、等待瀏覽器下載你最喜歡的電視節目，同時把現成的餐點鏟進嘴裡、心想你的創業夥伴為什麼不處理剛出現在你收件匣的煩人電子郵件、擔心平時熱鬧的公司討論群組怎麼那麼安靜，同時朝著網路數據機大叫，你付的是「光速」費用，為什麼還是那麼慢，還有……

積極進取、能力過人的你，剛接手新工作，可能隨時都在研讀最新的行銷活動、摸索公司奇怪的軟體系統、被拉去與同事和人力資源部開會、安排看房，因為你的室友決定搬走、尋找下週舉辦本地校友聚餐的場地、心想自己的穿著是否恰當，因為大家一直看你，但可能只因為你是新來的，不過如果是別的原因怎麼辦，還有……

天啊，總是有這麼多事要處理，難怪很少人有多餘的腦細胞，能夠好好思考自己的背景故事或如何發揮潛能，甚至連思考自己有哪些潛能的時間都沒有。我們已經有那麼多事要做、那麼多事要想。

所以請你騰出空間思考令你感到滿足的事，我完全了解你可能很想揍我，不過我還是要把你當成訓練中的探員，向你示範我如何做到。首先列出你一天所有大大小小的活動，看起來可能像這樣：

做早餐和吃早餐
準備出門
通勤
暗殺獨裁者
與消息來源會面
撰寫情報報告
進行反監視
接小孩
上混合健身訓練課（CrossFit）

支付帳單

做晚餐

看電視

睡覺（睜著一隻眼）

請仔細觀察，像優秀的分析師一樣追蹤自己的一舉一動，列出所有事項，無論要花多少時間（可以省略長時間的淋浴或男女私情！）然後把每一個活動歸類到以下的高低好惡（H-L-L-H）欄位：

	高價值（High Value）	**低價值（Low Value）**
喜歡做（Love Doing）		
討厭做（Hate Doing）		

歸類要靠一點藝術加上一點科學，而且完全主觀（這是關於你的事，和別人無關）。高價值的活動通常是讓你開心、提升自我、改善生活、事業成長、達成目標和使命以及發揮任何你獨有的能力；低價值的活動通常是對幸福、進步、成長沒有太大幫助的事，或是不得不做（像是行政

庶務），但是不一定要由你完成的事；你喜歡或討厭的事當然就如同字面所述。把上述活動放入表格看起來可能像：

	高價值	低價值
喜歡做	撰寫情報報告 睡覺	準備出門 看電視
討厭做	與消息來源會面 上混合健身訓練課	通勤 支付帳單

工具1-2：3D法

下一步是把這些事情分成**3D：執行（Do，你要繼續做的事）、丟掉（Dump，你要擺脫的事）、委派（Delegate，委派給別人的任務）**，任何落在「喜歡做」、「高價值」欄位的活動，都是你應該繼續做的事，你應該投入盡可能多的時間、精力和金錢讓自己做得更好。（如果有讀者懷疑的話，是的，你可以睡得更好，無論是閉一隻還是兩隻眼，谷歌是這樣告訴我的！）

任何在「喜歡做」、「低價值」欄位的事物應該也可以保留，我們不是機器人，那些只為了開心、放鬆或放空而做的事的確很重要，不過可以考慮減少投入的時間、精力和金錢，除非你時間充裕、精力充沛、手頭寬裕，而且能夠在價值較高的欄位之外分配這些寶貴的資源。

在「討厭做」、「高價值」欄位的活動，你可以找其他同樣高價值，但喜歡做的事來交換（例如將混合健身訓練課換成另一種不包含嘔吐的運動形式），或是把這些任務委託給其他人。

有時候你不得不繼續做你討厭但高價值的事，生活不能永遠只做開心的事，但是透過交換或委託一部分任務，你可以創造出更多時間和精力去做你不得不做的事。

「討厭做」、「低價值」欄位的任何事都可以拋棄或委派，或者透過在上面疊加新活動來創造更高的價值（例如通勤時做臀部運動、一邊付帳單一邊練習射擊），如果找不到方法來取代，那就不要傷腦筋，砍掉它。

好，我明白，暗殺獨裁者可能不會出現在你的待辦事項清單，所以這裡有一些比較實用的例子，示範如何將3D應用到生活中：

• 按照自己的方式執行：

假設你是老闆，每天早上通勤導致你到辦公室時都匆匆忙忙、倍感壓力，那就把上班時間往後移幾小時；如果你不是很喜歡用跑步的方式維持健康，那就改成每次接電話都四處走動，慢慢累積步數；如果早上五點起床讓你覺得痛苦，那就改成早上七點，或者平日五點、週末九點起床。生活不用那麼絕對，我的一位CEO客戶把團隊會議從早上九點改到十點，這樣她就可以避開交通繁忙的通勤時間，消除她工作日早晨的壓力（以及她團隊的壓力）。對我來說，我覺得運動本身很無聊，但是喜歡健美強壯，所以我做伏地挺身、引體向上（chin -ups）、大量走路，我也喜歡跳芭蕾、皮拉提斯和障礙跑。我喜歡黎明前起床（猜不到吧？），但是家裡有學步兒和嬰兒，夜晚和睡眠時間永遠無法預測，所以我順其自然：有時我餵奶後入睡、凌晨四點起來；有時是早上七點，跟著學步兒一起清醒。睡眠很重要，所以我根據現實調整期望：孩子睡著我就睡，孩子起床我就起床。沒有一定要怎麼做。

- **拋棄你討厭，而且對事業或生活幾乎毫無價值的事：**

如果你討厭「面對面」的辦公室文化，就不要這樣要求團隊，只因為同業都這麼做；如果你討厭商務社交活動，發現自己老是慢慢啜飲手中的飲料或躲到廁所逃避與人交談，那就停止參加現場活動，尋找其他方法來獲取資訊或建立人脈；如果你和某些人相處總覺得心力交瘁，那就別再花時間在他們身上。許多高層主管客戶在我們的協助下，發現他們可以捨棄傳統的工作方式，例如每天開會、一週工作五天、一致的工作時間，同時不會影響績效；較為內向的客戶經常發現他們可以從Podcast或書籍獲得相關專業知識，並透過Zoom建立人脈，不必親自參加活動；我自己發現的是我可以排除（或至少減少）與讓我筋疲力盡的人的相處時間，並縮小和他們討論的話題或一起從事的活動，這樣才能維持對他們的尊重（稍後會詳細解釋）。同樣的，沒有一定要怎麼做才是對的。

- **委派一件你一直拖延，但是工作或生活中必須做的事：**

如果你一直拖延，遲遲不想和供應商討論那件很難開口的事，那就請公司的共同創辦人去談；如果與寬頻供應商談判讓你渾身不舒服，那就雇用虛擬助理來做你不想做的事；如果你不擅長使用PowerPoint，那就用語音筆記錄下簡報內容，再到自由工作接案平台Fiverr找平面設計師幫你製作簡報。相較於什麼事都想自己做，分派重擔代表事情才能完成，而且通常做得更好。以我為例，雇用兼職助理處理客戶服務以及請虛擬助理處理線上雜事是我做過最好的決定。我沒有耐心、興趣、天性或腦容量處理這些事務，但是又必須完成，這些助手替我把這些事做好，幫了我很大的忙，還好有他們。委派任務不用花太多錢，我會在第4章提供釋放資金的練習，這樣一來，你就不必處理那麼多你不喜歡做的事。

依據高低好惡欄位決定執行、丟掉還是委派任務，不會使一切突然變得完美或是讓你一夕之間功成名就，但是有計畫地改善生活和工作的方式，會隨著時間產生複利效應，而且你會發現你設計的生活更符合自己真實的樣貌，而不是在日常生活中設立無謂的障礙，強迫自己成為沒必要成為的模樣。

你會驚訝於這些微小的變化能釋放出多少時間（好多時間）、能量（好多能量）和精神（好多精神），你可以把全部的心力集中在把你在乎的事做得更好、做你認為有價值的事、繼續追求你的使命。

任務完成：空間清理完畢

執行任務：委派他人完成任務

透過執行、拋棄和委派任務清除生活中的噪音和混亂、尊重自己真實面貌的過程中，你可能發現自己很容易把委派和卸責混為一談。我做過這種事，我所有客戶都做過這種事，幾乎我遇到的每一位領導人都做過這種事，這是很誘人的陷阱，所以我現在要提出警告，這樣你就不會落入同樣的陷阱。我重複一遍：不。要。這。麼。做！

把事情交給別人之後，你會感到如釋重負、欣喜若狂，以為自己再也不用擔心那個任務。錯了。只因為其他人應該處理一件事，並不代表他們一定會去做。即使事情不再由你親手來做，你還是要確保對方確實處理，或者正如我們在中情局的說法：「信任，但是要查證」。

生命中不同的角色

我們已經開始接納自己該有的模樣，也創造出更多時間、精神和心力來做更多令你感到心滿意足的事，現在要來探索如何運用你的各種特質。間諜在不同場景、依據不同目的使用各種角色和假名，你也可以運用同樣的工具。這不是偽造或虛假。每個人都有很多面貌，在不同環境下，有些面貌會啟動，有些隱藏。訣竅是選擇適合當前任務的面貌，然後完全進入角色。

以「成功角色」為例，想一想你工作中大獲全勝、完成精彩簡報、勇敢開口討論困難的事、勢不可當的時刻，你當時穿什麼？做什麼？你和誰在一起？你有什麼感覺？你啟動哪些性格特質？哪些技巧可以幫助那個角色更常出現？哪些儀式或服裝可以讓你更容易進入成功角色？（你有沒有在答案中看到背景故事隱約出現？我告訴過你，模式和主題就在那裡！）

頂尖運動員、舞台表演者、高階主管和各行各業的翹楚會使用視覺提示、充滿活力的音樂、冥想、呼吸技巧和運動等工具來帶出他們的成功角色。所以，在研究自己的時候，想一想如何進入最適合眼前任務的角色，包括為人父母、談判、和難應付的人打交道、在群眾面前說話等等。

請記住，你的所做所為可能正好相反，反而是披上比較醜陋的角色。你要削弱它們的力量，在它們掌控你之前脫掉那層外衣。你是不是有容易動怒的角色，使你工作時表現不佳或破壞家庭關係？當你感覺到它在你體內漸漸升起時，把它壓回去；發現在重要對話中，「我永遠是對的」

角色跑出來？把它一腳踢飛，讓它在地上喘氣。（我會在第3章分享如何重置自己黑暗的行為，不過現在先接受自己的每一個角色，無論好壞，想像你都可以輕鬆地穿上和脫下。）

你也可以根據不同目的調整角色，比如說你是優秀的跑者，回想一下最近比賽拔得頭籌的經驗、打破個人最佳紀錄的時刻、從訓練中獲得的張力和肌力，並花幾分鐘想像你在賽道上取得勝利、擊敗上一次紀錄的感受，遇到必須在其他領域取得成效的時刻（工作、重要會議、發表演說），讓勝利的荷爾蒙在體內洶湧流動。優秀跑者角色是你的一部分，所以不要一脫下運動鞋就將之拋開。那樣的角色在生活不同層面都能隨時派上用場。

或者如果你擅長洽談合約，很會替客戶爭取權益，想一想從他們那裡得到的讚譽，記得自己處理反對意見時輕鬆優雅的態度，下一次與另一半或朋友商量難以開口的事，就帶入那種自信，不要像以前一樣總是唯唯諾諾。談判大師角色是你的一部分，所以不要一離開辦公室就將之拋開，隨時運用在生活的不同層面（但是可以拋開公事公辦的態度）。

或者，假設你向來深思熟慮，需要花時間從各種角度思考和理解一個問題，才會形成意見，並與他人分享，那就把這種深入思考的態度帶入董事會會議上，不要讓自己被最大聲的那一方拉走。深入思考角色是你的一部分，所以當你走進一堆人信口開河的會議室時，不要將之拋開。把它帶入生活的各個層面。

我們無法完全區隔自己的個性，所以要好好運用這一點。找出內心各種強大的角色，並隨身攜帶，然後配合眼前的任務調整轉換。

找出真實的自我

最後，討論特質和角色一定要提到人格分析才算完整。中情局探員會針對目標對象進行詳細的人格分析：他們關心什麼、受什麼事激勵、他們的弱點、心理狀態、他們的個性。每個人在職業生涯或生活中可能都接觸過一些人格分析系統，像是十六型人格測驗（Myers Briggs）、優勢測驗（Strengths Finder）、愛之語（Love Languages）和人類圖（Human Design）等等。

人格分析系統的美妙之處在於它們可以幫助你識別明確的模式和主題（又來了！），這些模式你早就隱約知道，那為什麼不運用各種系統，以「你」為目標，整理出盡可能具體完整的檔案。雖然沒有人可以用一種類型簡化，不過每一個分析測驗都會揭露或確認一部分的你，從中出現的模式可能有助於啟發或改善生活和領導的方法，甚至幫助你找回真實的自己。

例如，我做愛之語測試時，發現我的「語言」之一是寶貴的相處時光。當然，我把這個結果運用在改善我與所愛之人的關係，不過我也運用在工作上，像是我討厭講電話，每次檢查語音信箱都讓我壓力倍增，而且隨時接電話會打斷我與工作、自己，以及與我所愛的人相處的寶貴時間，所以我訂閱了電話代接服務，它可以幫我過濾所有公事上的電話，另外也把手機語音信箱的問候語改成請來電者不要留言，因為我不會去聽；如果他們想聯繫我，可以傳簡訊或寄電子郵件。（一名接受我諮詢的公司創辦人也採用相同的做法，她說很多人告訴她，他們覺得這個方法很棒，也考慮禁止別人留言。這真是附加的好處，我們在做自己之餘，還能鼓勵、啟發別人也這麼做！）

不接電話和停止使用語音信箱這種小事讓我的生活和工作不再那麼忙亂，可以把心力放在我絕對需要接聽或想打的電話上。如果沒有運用我的愛之語，我就永遠不會做出這些改變或得知這麼做的好處。

如果你針對自己進行人格分析，請試著把結果運用在生活的不同層面。畢竟，你的特質和背景故事（你是誰、你喜歡什麼、什麼事沒那麼在行等等，所有的模式）都會跟隨著你，無論你去到哪裡、無論你的使命為何。

執行任務：先完成本章功課

進入第2章之前，請先停下來完成第1章的功課。你必須相信自己很重要，願意花時間在自己身上，所以不要一邊讚歎「好有道理喔」、一邊快速翻過去，然後就把書丟在一旁。安排時間完成練習，創造深度思考的環境。也許現在就是開始動手的好時機，或是今晚上床之前騰出二十分鐘。無論如何都不要被動吸收知識，而是積極參與。這是命令。

關鍵情報小整理

- 你很複雜，但不矛盾。接受自己該有的模樣。
- 追蹤你的背景故事，找出其中的主題和模式，你就能開始複製或消除自己處於最佳或最差狀態的環境。
- 使用高低好惡表格定期回顧自己在做什麼，並找出要執行、拋棄和委派哪些任務，這麼一來你就能在最佳狀態下更輕鬆地運作。
- 找出適應或調整日常活動和責任的方法，以放大你的優勢，然後盡可能淘汰價值太低和令你筋疲力竭的活動。
- 發展不同角色，並為眼前任務選擇合適的面貌。根據場景所需，調整不同層面的個性。
- 從人格分析系統中學習，然後運用到生活的各個層面；我們無法把生活分門別類。

第2章
製作自己的使用說明書

任務名稱：你給人的第一印象

派駐到戰區時，我的主要任務之一是與來自世界各地的軍事單位接洽。我和四星將領、精銳特種部隊、年輕步兵，以及介於其中各種階級的軍人密切合作，全部都是男性。我知道我的性別可能被視為弱點或風險，所以我總是盡我所能表現強勢：背挺直、語氣堅定、與對方眼神交流、永遠做好充分準備，所以沒有人可以質疑我的能力或存在。但是對方注意到和評論的都是我握手的手勁。

當時幾乎無一例外，所有男性都會提到這件事，他們揚起眉毛，驚訝地說：「好強的手勁。」看到身材嬌小的我可以用顯著的力道和他們握手，與我共事的每一個人，無論在個人或專業層面都對我以禮相待。

這樣的尊重全部歸功於我握手的力道嗎？是，也不是。不是，是因為我在其他方面的表現符合信心和可靠的全貌，傳達出「我是他們必須認真對待的人」；是，握手很重要，因為那是他們對我的第一印象，而第一印象會根深柢固。如果我握手軟趴趴（或是簡報時喃喃自語、開會一聲不發），由於確認偏誤（confirmation bias，意思是人們一旦認定某個觀點，就會持續尋找證據證明那個觀點是對的，同時刻意忽視證明自己錯誤的證據）的關係，我就需要更多時間建立可信度。一旦對方形成對我們的初步印象，他們往往只看得到確認這個印象的事，所以握手力道太弱（或是輕聲說話或毫無存在感）傳達出軟弱，軟弱的印象會毒化其他所有互動。但是因為我一開始就表現強勢：握手有力、聲音宏亮、存在感很強，在戰區和我共事的團隊會把這樣的第一印象套用在跟我的其他一切互動之上。

同樣的人，同樣的本質，不同的結果，只因為我出現時給旁人的第一印象。

所以不要輕忽小事，包括你的外貌、說話方式、站姿，你的舉止和外表會發送出你是誰以及世界可以如何對待你的訊息。**在這一章，我們的目標是讓你的內在和外表相匹配，讓你變得勢不可當。**

中央情報局探員進行祕密行動時，要參照使用說明書列出的參數和規則執行計畫，所有出勤的探員也必須培養敏銳的狀況警覺（Situational Awareness，SA）技巧，才不會因為忽略周圍環境而遭受突襲（或捕捉！）。你必須創造自己的操作手冊，作為日常工作和生活的指導原則，也要培養狀況警覺能力，以提升順利運作的機會。意思是你要開始自我分析，回顧個人的運作方式以及你在何時、何處，以及如何有最佳表現，然後盡可能適應和調整，將工作和生活的現實層面納入考量。

了解如何設計獨有的操作手冊的過程中，你會學到如何繪製個人能量地圖（Personal Energy Map™，PEM）、提升狀況警覺能力，讓外部環境輔助並提升內部運作、善加運用機會之窗（Windows of Opportunity）和「變灰」（Go Grey），好讓你每次出現時都可以在對方心中留下深刻印象。

工具 2-1：個人能量地圖

我討厭星期一。沒錯，很老掉牙吧，但是厭惡一週第一天工作的文化已經深植我內心（給《上班一條蟲》（*Office Space*）的同好：「看起來有人得了星期一症候群。」這句話完美體現我們把多少沮喪和恐懼的情緒傾注在這可憐、無辜的日子裡）。即使我到中情局上班後，每天都期待在黎明時分醒來，早上七點前抵達總部，但是每到星期天早上還是覺得有點沮喪，只因為星期一即將來臨。

因此，開公司之後，我做的第一件事就是取消星期一。我睡到自然醒（可怕的是，我的自然醒永遠不會超過早上八點），醒來後東做一點西做一點，不要求自己一定要完成些什麼。起初，我覺得這樣很懶散，實在太放縱了，很不應該。直到有一天我終於明白，做老闆最大好處之一就是可以決定自己的工作時程和制定規則。週六和週日工作我完全沒問題，所以沒什麼不應該的，事實上，取消星期一反而讓我擺脫束縛。

雖然，老實說，我從來沒有完全取消過星期一。我無法完全擺脫「好學生」的內疚感（也可能是父母灌輸的職業道德，無論是什麼，這對我的影響可能近乎死後下地獄永不超生的程度），所以我把星期一變成我喜歡的模樣。我按照想像重新塑造星期一，限制自己對這一天的期望。我把星期一當作熱身的時間，就能全力以赴面對接下來的天數，意思是除非萬不得已，我儘量不把費神的工作安排在星期一，無論是電話、會議、活動、演講還是特定的電子郵件。如果非得排在星期一，我也會限制自己只做一件耗費精神的工作，一旦完成那件事，我就可以休息了。

沒錯，不是每個人都可以取消星期一（或星期五，或下午三點之後的任何時間……）。但是即使你不是自己當老闆，仍然可以設法根據個人能量地圖安排和調整活動。把個人能量地圖視為一週、一季、一年的能量地圖和心智框架圖。

繪製個人能量地圖需要經過仔細思考和分析（就像之前的ＣＩＡ分析模式一樣），先讓自己沉澱下來，思考你在回答下列問題時，有沒有看到反覆出現的模式：

- 一週裡你覺得自己什麼時候最有創意？
- 你什麼時候最有效率？
- 你什麼時候對細節感興趣？
- 你什麼時候厭倦細微末節？
- 你什麼時候精力充沛？
- 你什麼時候需要小睡一下？
- 你哪一天或一天中的什麼時間最喜歡與他人互動？
- 你哪一天或一天中的什麼時間極度渴望獨處？
- 從事不同類型活動時，你的能量是否因為不同月份或季節而出現變化？
- 是否有特定的月份或季節，你自然而然將注意力轉移到哪些類型的活動？

無論你有沒有發現這些模式，它們都在那裡，不是對你有利，就是在扯你後腿。所以從現在起，請留意自己獨特的節奏和模式，刻意觀察原本沒有察覺的行為模式。

最高機密：把月經週期納入考量

給所有女性讀者，妳們的個人能量地圖也要把月經週期納入考量，因為月經週期可能影響妳在不同時段最擅長哪一類型的活動：創意的、戰略的、詳細的、社交的、祕密的（大體而言，雌激素升高時，可以考慮主要是對外的任務，而黃體酮升高時，可以著重專注於內心的任務）。荷爾蒙是送給我們的禮物，我們要好好運用並整合到個人能量地圖，www.ciatoceo.com/bonuses 網站內有我推薦的閱讀列表，可以幫助妳按照月經週期做事。

執行任務：找出自己的能量地圖

能量的高低起伏和季節差異，可能與你從小到大被硬性規定的生活和工作模式大不相同，也和其他人很不一樣。與眾不同或和其他人「不同步」絕對沒問題，不要擔心。找出你的個人能量地圖之後，你才知道如何調整生活中的各式活動和行程，讓它們更符合自己的天性。你的個人能量地圖會隨著時間改變，所以要能夠隨時偵測並依此改變生活的模式。

我的每日個人能量地圖：

按照個人能量地圖做事實際上是什麼模樣？我的個人能量地圖看起來像這樣：

- 黃金時段（我最有創意、精力充沛的時候）：凌晨四點到八點（只要我睡了大約七個小時），這段時間專注於寫作和創意工作
- 放空時間：上午八點至上午十點
- 肚子超餓：每三至四小時
- 需要一點自己的時間：上午十一點（即使只是喝杯溫熱的飲料、吃些點心……，小鬼頭正在吃第二份早餐和午前茶點）
- 持續四十到九十分鐘的生產力波段：上午十點至下午四點
- 讓腦袋休息：下午四點至下午六點
- 家庭模式：下午五點至晚上七點
- 累（有時煩躁）：晚上七點以後

我的每週個人能量地圖：

- 星期一：取消。如前面所述，不過有一些限制。

- 星期二和星期四：我最有精神和別人互動的時候，所以我會把Podcast訪談、演講、開發業務和行銷活動安排在這兩天。
- 星期三：我的百無禁忌時間！這一天我花很多時間處理「煩人的事務」，像是行政庶務和其他日子我無法忍受的電子郵件。
- 星期五：我最有能量幫助別人的時候，所以星期五保留給重要客戶、管理公司董事會、提供電話諮詢和舉辦研討會。這一天也是我情感最豐沛的時候，非常適合與至親好友聊天。
- 星期六：這一天從一週的工作後逐漸放鬆，所以我早上會做一些輕鬆愉快的事（絕對是寫作）。
- 星期日：完全放鬆偷懶的時間。即使早起，我通常也是做我自己想做的事：花很長的時間閱讀（如果孩子讓我這麼做）、做豐盛的早餐、和丈夫與女兒共度美好時光。

我的每月／季節個人能量地圖：

- 九月至十一月：我精力充沛（我內心住了一個莉莎．辛普森〔Lisa Simpson〕[3]，超愛返校

3 編按：莉莎．辛普森是動畫影集《辛普森家庭》家庭中排行第二的孩子，個性淘氣、聰明且愛好社會運動、支持同性婚姻。

季）的月分，所以我把思考計畫、戰略和大方向的工作安排在這段時間，外加許多活動和寫作。

- 十二月：這是我相當於星期一的一個月，所以我不會安排費力耗神的工作，除非我想這麼做。這也是我生日的月份，又是另一個關門休息的理由（藉口？）。
- 一月和二月：這是我制定計畫的月分，包括執行大方向和戰略、校準目標、培訓團隊、尋求額外支持並調整我今年的個人能量地圖（如果有需要）。
- 三月至六月：我是由太陽能發電，所以這幾個月我會執行重要計畫並專注於建立人脈。
- 七月和八月：在九月衝刺期前與家人共度美好時光並放鬆身心。

這不是完美的科學。我的個人能量地圖當然總會與現實、他人期望（和對方的個人能量地圖），以及做為CEO、父母、顧問、導師、講者和作家所需的時間、精力和資源相衝突。每個人都要身兼很多角色，總是有其他相關人士想調整我們的個人能量地圖。這就是生活。不過關鍵是設定底線，決定哪些事情可以放寬、哪些必須保持不變。

例如，假設你最重視的是保持身材，那麼健身時間就不能改變也無法捨棄，其他日常活動可以圍繞受保護的健身時間放寬；如果你在辦公室總是負責籌辦社交活動，但是想投入更多時間到你擔任志工的慈善機構，那就訂出和工作相關的社交活動時數，其他空閒時間就可以靈活地投入志工服務；如果你在家工作，經常因為沒有花更多時間陪伴孩子而感到內疚，那就安排專心陪伴孩子的時間（例如下午六點到八點），然後另外找時間處理公事。

另一個關鍵是不要全有或全無，你的個人能量地圖絕對不可能完全主導一切，但是一旦知道它的模樣，你就可以稍微走一點彎路，然後回到正軌。你已經從中得知自己最佳表現的循環，所以即使無法遵循這樣的循環，你也完全意識到這件事。這個框架能夠引導你更有意識的發揮創意、拆解不同工作，讓自己盡量參照個人能量地圖做事。

例如你不喜歡早起，但是因為工作要求，你必須一大早起床、展開新的一天（就像我以前那樣），那就設法把重要的會議或電話安排在稍晚，請你的助理保護你的早晨時間，盡量不要一大早處理費神的事務，這樣你在為一天熱身時就不會被打擾。

如果你的思緒隨著冬天來臨開始冬眠，但是所處行業在那段時間銷售和活動都逐漸增加（大多數零售商十一月和十二月是旺季），你也許可以請其他團隊成員分擔工作一陣子，或是暫時請人做家事，好保留精力，也可以叫自己「堅強一點、撐下去」，只要做到就獎勵自己，或者一週三天全力以赴，休息兩天，不然就是一天拚命工作三小時，然後放空。

如果你每個月的第一週最有創意，但是老闆要求你在那一週提交月度報告，可以問老闆能不能改成第二週提交（老闆真的會在意嗎？在假設任何事之前，你有沒有開口詢問？），或是在第一週每天花一半的時間做創意工作、另一半寫報告，或者請團隊其他成員幫忙（可以交換你幫助他們按照他們的個人能量地圖做事），你也可以在一天的尾聲留幾小時從事創意工作，或是激勵自己在星期三之前完成報告，這樣你星期四和星期五都能做創意相關工作。

不一定要全有或全無，而是尋找創意的解決方案，無論大小都行。有時很簡單的舉動，像是我晚上七點後通常覺得疲倦煩躁，但是只要我站著進行線上演講或主持活動，就能完全改變我的能量，讓我充滿活力。一點小改變可能帶來很大的影響。

因為我們必須面對現實，這個世界沒有義務讓我們的生活更輕鬆或符合我們的計畫（或個人能量地圖！），但是我們也不應該讓世界做主。我們每個人都可以進行或大或小的調整，至少消除一些障礙，盡量根據個人能量地圖生活，如果做不到，就要發揮想像力。

執行任務：確實做到要求

你會聽到我重複不只一次，不過請確實執行，個人能量地圖是很有效的工具，可以幫助你釐清思緒、找回理智，但是唯有你肯花時間回答上述問題，才會看到神奇的結果。無論是用日記還是筆記本，找一張紙寫下你的個人能量地圖，然後在生活中實踐。

個人能量地圖是使用說明書的基礎，現在了解之後，我們就可以進一步確保自己重要的個人特質不會在日復一日的工作中遭到犧牲。

把黃金時段用在自己身上

生產力循環經常提到黃金時段，一般會說那是搞定討厭任務的最佳時機。這是一天（或一週、一個月、一季、一年）當中，你感覺自己鬥志高昂、精力充沛、勢不可擋的時刻。這樣的情緒可能持續四十分鐘、四小時或四個月，他們會說要好好運用這段精力旺盛的時間提升生產力，但是生產力往往是別人加諸在我們身上，不是由我們決定的事（即便CEO也要應付投資人、股東、董事會成員、家人的要求）。而最會消磨黃金時段噴射機動力和能量的情況，莫過於感覺別人在替我們駕駛那架飛機、我們浪費自己最美好的時光去完成別人的目標。期望和要求雖然無法避免，你卻可以阻止它們入侵你的黃金時段！

所以，在思考傳統意義的生產力之前，為何不先對自己好一點？為什麼不在寶貴的黃金時段先做你想做、你在乎、讓你活力滿滿的事，然後再向世界開啟大門？為什麼不重新定義生產力，把追求完整的自我納入考量，先照顧好自己的熱情、身體和心靈，再專注於其他工作？

對我來說，重新定義生產力代表把我的黃金時段保留給創意工作，而不是檢查電子郵件或做其他任何事，不過現實是，有時我必須把這些寶貴的時間拿來處理其他急事，因為如果沒有處理的話，我會拖延拖到心臟出毛病。

例如，身為數間企業的負責人，有時我需要負起當家作主的責任，做一些傳統的資金管理和會計工作，但是我真的很討厭看損益表，雖然看一遍大概只要花三十分鐘，但是一想到這件事，我就會心煩好幾天。我破解這件事的方法是每個月一次，撥出部分黃金時段來檢視損益表，在那些時候，把黃金時段用在自己身上實際上是先看損益表，雖然這麼做不會令我心喜若狂，但是只要完成這項任務，我就會覺得如釋重負，接下來的早晨就可以開心哼唱。

沒必要全有或全無（我說過類似的話，對吧？），但是我們大多數時間都可以保護自己的黃金時段，先把黃金時段用在自己身上。

我的一名客戶是大型科技公司的中階經理，對他而言，把黃金時段用在自己身上代表先花三十分鐘彈鋼琴（這是能提振他精神的活動，但是以前都成了工作忙碌下的犧牲品），然後才打開筆電辦公。

最高機密：為重複任務預留時間

無論你不喜歡做什麼類型的事，只要安排固定的時間去處理，就不會消耗那麼多精力，因為你不用一直擔心到底什麼時候能做完，而是決定處理的時間，例如每月第二個星期二的早上六點到六點三十分，你都會整理開銷記錄，或是每週

一、三、五上午十點到十一點，你都要去健身房，或者每個月第一天打電話開發業務等等。做太多決定會消耗我們的意志力，也就是所謂的「決策疲勞」（Decision fatigue），所以替重複出現的任務預留特定的處理時間，這些任務就不會帶給我們那麼多煩惱，這樣一來我們不但能保存精力，也可以節省寶貴的腦力。

另外是我的公司 Entreprenora 會員計畫的成員，同時也是好幾間企業的總裁與創辦人，對她來說，把黃金時段用在自己身上代表大多數早晨抽出二十分鐘溜狗或是做一些溫和的呼吸練習（可以讓她紛亂的心平靜下來，但是不符合傳統生產力指標的活動），並且把剩下的黃金時間拿來完成重要任務。

我的另一名創業家朋友，原本是會計師，後來改行為投資人，又轉行為教練，接著又跑去務農，對她來說，把黃金時段用在自己身上代表大多數日子先打好幾小時的電動（這是她快樂的泉源，同時為她注入創意和競爭力的能量，不過看起來不像「真正」的工作），然後才去處理費力耗神的工作。

保護自己的黃金時段，並且優先把黃金時段用在自己身上非常重要。因為**我們如何過日子，就等於我們如何過一生，所以要先去做讓這一生值得的事，才去做維持生計的事**。我們應該現在就去閱讀、打電動、追求興趣、完成夢想清單，而不是等待將來未知的「有一天」。一旦把喜愛的事物以各種方式帶入日常生活，我們會發現神話般的未來現在就能實現，而且附加的好處是，我們會有更多耐心和精力去做自己不得不做、必須做，或者「應該」做的任務。

所以不要忘記你在乎的事，也不要放棄玩樂或忽視自己的許多樣貌，也許你無法靠跳芭蕾舞、彈鋼琴、寫作、玩電動（或你喜歡做的任何事）維生，但是你可以利用寶貴的黃金時段先做這些事。你應該為了自己、為了頭銜和外在標籤以外的你這麼做。

執行任務：先做想做的事

你在抗拒，我知道。你告訴自己，等你把工作做完、帶孩子去學校、洗完碗（為什麼家務總是比正視自己的需求還要誘人？）、得到升遷……，你就會拿起畫筆、長笛、書、跑步鞋。我想你我都很清楚真正做到的有幾次。所以這是給你的行政命令：從現在開始，先做自己想做的事。試驗看看、先熱身一下，必要的話就慢慢來。安排十分鐘完全不受打擾的時間做自己想做的事：趁咖啡還溫熱時啜飲、讀那本一直想看的書、動筆寫作；一句、一頁、一口。小到你無法拒絕，第二天多做一點，隔天再多一些，直到你習慣那種感受，那種把「自己的需求」視為一天最重要任務的美好感受。

工具2-2：狀況警覺

了解自己把時間花在哪裡、保護黃金時段和先做自己想做的事很重要，否則你會盲目、無憂無慮地用「白色」的心態來面對事業和生活。讓我來解釋。

派駐戰區前的培訓計畫包括「狀況警覺訓練」（Situational Awareness，SA），這是我一輩子受用的課程，微調我對幾乎所有事物的敏感度。培訓的目的是確保我和其他學員習慣檢視環境中潛在的威脅、避開麻煩的狀況。我們經歷各種設想的情況，思考在不同狀況下執行任務的顏色，白色表示「不用理會／注意」、黃色代表「輕鬆覺察」、橘色代表「專注覺察」、紅色代表「高度警戒」、黑色代表「震驚／僵住」（我稍後會分享一次格外痛苦的練習，我幾乎當場變成「黑色」，那不會是我想再經歷的顏色。）

大多數人是以「白色」或「黃色」狀態過日子，許多人一輩子都是用「白色」的心態生活，但是你不是，我們要訓練你變得不一樣，因為你已經學會自我觀察與反省、了解自己真正的模樣和運作方式，以及如何展現出最好的一面。現在要往外看，看看你所處的環境，培養操作手冊中狀況警覺的部分，用來消除日常生活的不便，並且在狀況警覺的色譜間流暢轉換。

眾所周知，外部環境對於「我們是什麼人」以及「我們的感受」都影響甚鉅。在不知不覺中，我們周圍的壓力、能量、人、聲音、氣味全部都結合在一起，影響我們的情緒、表現、生產力、成就和幸福。

在戰區，如果發現異常現象，可能代表事情不對勁，警告你這是「紅色」狀態。我們必須在日常生活中對周遭環境抱持相同的敏感度，才能敏銳察覺所有變化，找出最適合新環境的角色，或是調整運作方式以及運作的顏色。

例如，我只要一走進死氣沉沉的會議室，就會情緒緊繃。為了在那樣的環境下有最佳表現，我會請出我的成功角色，深呼吸幾下放鬆，然後在心中回想成功的經驗，這麼做之後我才能回過神來，準備好參與會議室的談話。就這樣，我把自己從可能癱瘓的「紅色」狀態變為更有生產力的「黃色」狀態。

還有，我知道自己在吵雜紛亂的環境下，最適合處理乏味的行政事務，所以如果原本安靜的工作環境被噪音淹沒（丈夫返家、女兒開始喧嘩、收音機的歌曲變得動感），我就會從深度專注的工作轉移到開支票或傳送電子郵件。

各種不同調整環境的方法

狀況警覺就是仔細觀察自己當下的狀態和周遭環境，才能改變可以掌控的部分（提前準備、調整行為、從事哪些活動等等），讓頭腦保持清醒，並在各種環境下都盡可能有最佳表現。透過觀察環境與表現之間的關係，你也能從中得知可以改變環境的哪些部分，讓你能展現出更好的一面。以下是運用狀況警覺調整工作（和家庭）環境的實際方法：

- **調整氣味**

有些人的嗅覺特別靈敏，想一想可以按照手頭上的任務，把什麼樣的氣味帶入空間，例如在需要精力充沛的地方，像是家裡的健身室或起居室注入柑橘味，並在需要平靜的空間，例如臥室或工作的場所，放置令人放鬆的薰衣草香味。長達幾千年，人類一直運用氣味來提升身心狀態，許多科學研究也證實氣味會影響我們的能量、表現和認知。

- **調整照明**

想想你喜歡什麼顏色的燈光與光源（例如在原本明亮的房間點蠟燭可以增添溫暖的氣氛），如果討厭辦公室的日光燈，可以使用檯燈。另外也可以考慮自然光線和陽光，將自然光引入室內的好處不勝枚舉，也有證據支持。

- **調整視覺環境**

為自己創造合適的視覺環境，思考並調整眼前事物：照片、藝術品、格言、顏色、白板、架子等等。按照個人的情感和心理需求打造周遭環境，像是移動辦公桌，讓它面向窗戶、整理環境、將發人深省的詞句貼在牆上、使用好看的白板（我是用磨砂玻璃板，因為我討厭傳統白色塑膠板了無新意的外觀）、把敵人的照片畫個靶心釘在上面，或者只是改變牆壁的顏色。你知道自己看到什麼事物會覺得愉悅或振奮，所以要留意環境中的視覺氛圍和景觀。

・調整空氣

空氣的溫度和品質非常重要，研究顯示在舒適的溫度下工作可以提升表現。而舒適的定義當然很主觀，有些人（比如我丈夫）喜歡攝氏十八度，而我在二十一度以下就無法正常思考。在共享空間裡，如果有必要就必須妥協（在我們家，有時溫度設定在二十一度，我的丈夫穿T恤，或者維持十八度，我多加一件衣服）。空氣品質也很重要，所以請定期通風，也可以考慮放置植物去除室內累積的毒素。

・調整聲音

無論你喜歡莫札特古典樂還是濃縮咖啡機啟動的聲音，想一想什麼樣的聲響和音量，能夠讓你的潛意識感到愉悅。我喜歡安靜或大自然的聲音（除了流水聲，因為我聽了會想上廁所！）。我工作時會聽小聲的古典樂，煮飯則是聽流行樂。想一想，什麼樣的聽覺環境最適合你手頭上的任務，並且盡可能調整（如果是在辦公室工作，耳機可以成為你最好的朋友，尤其是比較內向的人，遇到噪音、刺激太多、又無法躲到安靜地方的狀況，生理上會變成「紅色」。

・調整觸感

稜角分明的生活使我們忘記自己很容易就能調整，為生活帶來更多柔軟和不同質感。從坐在平衡球上到光腳站在站立桌前工作，我們有無窮無盡的選擇，即使在工作時，也能啟動我們的觸覺。你能不能在辦公隔間的地板上放一塊小地毯？能不能帶一張毯子或靠墊到辦公室？能不能訂購比較好用的筆，不會在手指留下痕跡？或是訂購不會擠壓胸部的防彈背心？（那絕對不是為有曲線的人設計的東西！）思考一下每天觸摸或穿戴的數百件物品，看看你如何不用穿睡衣出現在辦公室，就能增加觸感和舒適。

享受其中的樂趣。實驗、替換。看看哪些有效、哪些沒用。留意周遭狀況，鍛鍊你的狀況警覺肌肉。想一想哪些需要調整、哪些不需要。我們不必進行昂貴的大翻修，經過深思後的小調整就可能帶來深遠的影響。

工具 2-3：把握機會之窗

使用說明書的下一部分是培養發現和運用機會之窗的能力。在情報行動中，這些窗口是轉瞬即逝的時刻：八星連珠、天清氣朗、巡兵交接、團隊就位、訊息抵達、地面部署人員移動順暢，讓行動成功的機會大增。

我們在日常生活中，也要留意這些罕見的最佳條件，只要發現自己置身其中，或是機會之窗出現在身邊，就要在窗戶關閉前火速行動。這個窗口可能小到趁著家裡的新生兒小睡四十分鐘完成重要工作，也可能大到在公司合併期間讓自己脫穎而出，得到升遷的機會；也可能代表在合適的大氣條件下發射火箭，或是趁著效率極高時處理堆積如山的工作；也許是在市場炙手可熱時出售公司，或是接任新職前環遊世界。

機會之窗也可能含義深遠，感覺它在你心中打開。突然覺得自己準備好處理一直推遲的任務，那就趕快去做；聽到深具啟發的Podcast，就要展開行動；耳聞一本很棒的書或是一場活動，那就去買書或購票。我們都知道熱情和火花不會永遠持續，因此當精神受到感召時，請馬上採取行動，不要等待。

因為所有的窗口最終都會關閉，而你不最希望的就是感歎如果機會之窗還開著，你有注意到微風吹拂頭髮就好了，或是心想假使當時有發現，不知道會有什麼結果、你可能變成什麼樣子。

工具2-4：用「變灰」展現最強大的自己

最後來談談「變灰」。這是間諜術語，意思是讓外表和舉止融入環境，不過我們的目的比較不是「降低存在感」，而是「根據所處環境展現最強大的自己」。

這個世界很膚淺，我希望不是這樣，你或許也這麼覺得，不過只有在幻想世界才可能內在永遠比外在重要；這世界也不是賢能之士才會勝出，不夠格的人居上位的例子比比皆是，或是兩名資歷相同的候選人，被人們以虛無飄渺的特質排名：風度、魅力、可愛、莊重、一種……說不上來的感覺。我們的外表和舉止會影響別人對我們的評價，這並非新鮮事，不過花時間思考自己的外表和舉止可能改變你的一生，也是使用說明書中很重要的一部分。因為在引人注目（為了好事而受注目）和融入眾人之間，你必須找出微妙的平衡。

我不是形象顧問或專業造型師，但是身為長期處於強者環境中的女性，我不得不小心拿捏其中的平衡。我必須確保自己給人強大的感覺，但不能過度強勢（雙重標準！），才不會傷害某些人的玻璃心；我必須展現出能力和自信，但不能顯得「專橫」；我必須融入男性世界，但不能抹煞或忽視我是女性的事實。

我出於本能的一些舉止，代表無論如何我都能融入強者環境：握手堅定、看著對方的眼睛、抬頭挺胸、很有存在感，我出於本能的一些舉動也使我格格不入。這並不代表我必須改變自己，不過我確實需要思考自己呈現的方式，好讓別人在不同情況下，以我希望的方式看我。你也可以做到，只要把這一章的練習當成指南，並在你信任的朋友、專家或書籍的協助下微幅調整，讓自己盡可能在不同環境下展現最有影響力的樣貌。。

你需要或希望呈現的模樣會因你的行業、背景、目標和特定情況而有所不同，可以探索的層面包括：

- 姿勢
- 說話的音量
- 服裝和儀表
- 存在感
- 眼神接觸
- 當然，還有握手（請見前面的任務檔案）

這些「小事」都很重要，我也在 www.ciatoceo.com/bonuses 加入一些建議，幫助你調整呈現的方式、將內在的力量和能力投射於外在。

討論融入、呈現方式和脫穎而出，就一定要討論對女性來說房間裡的大象，或者我稱之為

「太／不夠的問題」。研究顯示許多女性的確因此遭受不公平對待，只因為我們存在感太強或不夠融入。

這個現象出現在所有組織的不同層面，女性幾乎所有的一舉一動都會被無腦人貼上「太」怎麼樣或「不夠」怎麼樣的標籤：「企圖心太強」／「企圖心不夠」、「太陽剛」／「不夠強悍」、「太漂亮」／「不夠性感」、「太敏感」／「母性不夠」、「太這個」／「不夠那個」……，各式各樣不勝枚舉，我寫到這裡都覺得生氣。（有色人種也會遇到同樣的問題，如果你曾經被批評「太重視族裔」／「不夠忠於自己的根」，我完全能感同深受。）

由於僵固的社會觀念，導致許多人仍然認為女性參與權力、決策、權威角色，甚至主導日常生活是少數的特例。相較於男性，女性的外表和行為被放大檢視的比例高得離譜（如果你是同性戀／非二元性別／跨性別者，難以想像你受到多嚴苛的審視）。人們認為他們可以合情合理地在我們面前設立障礙、對我們罵髒話。

我知道，因為我經歷過，我認識的每一名女性都經歷過；許多關於這個主題的研究告訴我們這件事，缺乏大量關於這個主題的研究也告訴我們這件事，因為人們不認為女性值得花太多時間研究或了解。

因此，在研究自己的呈現方式時，請記得，「變灰」不是退縮或是假扮成別人的模樣、活在謊言裡，而是要利用你性格中「厲害角色」的一面，好讓自己在會議室、戰場、辦公室、權力的殿堂，或是任何地方占有一席之地，不會為了自己出現在那裡而感到抱歉，或是讓任何人質疑你為何出現。

運用你不是「灰色」的事實，展現你的價值。指出其他人沒有注意到的事；為長相與你類似的人樹立榜樣；運用你獨特的位置拉落後的人一把。身為會議室裡的「少數唯一」可能是祝福（雖然也是負擔），所以不要讓自己坐在角落裡。你可以「太怎麼樣」或「不夠怎麼樣」或介於兩者之間，但是那又如何？如果你呈現出來的是最棒、最「厲害角色」的一面，別人怎麼看你根本不重要。

關鍵資訊小整理

- 出現時給旁人的第一印象很重要，請在這方面下功夫。
- 繪製個人能量地圖能夠幫助你找出一天、一週、一季、一年的自然運作方式，你就能依此調整慣例和任務，好讓它們更符合你的自然節奏。
- 找出黃金時段並用生命保護它。
- 在陷入世界要你做的事之前，先做自己喜歡的事。
- 運用工具「狀況警覺」重新塑造環境，讓空間和接觸到的事物輔助你以及手頭上的任務。

- 尋找並利用「機會之窗」；它們不會永遠存在，一旦錯過，可能永遠看不到另一扇。
- 不同環境下，在「變灰」和「脫穎而出」之間找到適當的平衡。
- 不要遵從或屈服於加諸在你身上的雙重標準，把自己的「與眾不同」視為資產，運用自己正面的範例挑戰傳統。

換你試試看：繪製個人的能量地圖

一、什麼時候你感覺最有創造力？　□週間　□週末　□每天

二、什麼時候你感覺最有效率？　□週間　□週末　□每天

三、你什麼時候對細節感興趣？　□週間　□週末　□每天

四、你什麼時候厭倦細微末節？　□週間　□週末　□每天

五、你什麼時候精力充沛？　□週間　□週末　□每天

六、你什麼時候需要小睡一下？　□週間　□週末　□每天

七、哪一天或一天中的什麼時間你最喜歡與他人互動？

八、你哪一天或一天中的什麼時間極度渴望獨處？

九、從事不同類型活動時，你的能量是否因為不同月份或季節而出現變化？

十、是否有特定的月份或季節，你自然而然將注意力轉移到哪些類型的活動？

第3章

找出自己的使命

任務名稱：跟隨天命

中央情報局的核心任務是保護國家不受威脅，從根本上來說，這代表許多職責：蒐集情報、客觀分析、執行機密行動和保守祕密。聽起來很直接，不過執行起來卻沒那麼容易。因為任務是很有趣的東西。現在回頭看，似乎定義明確、能夠精確執行，實際上卻是不斷變化的局面，必須採用「天啊，真是混亂！我們只能朝著大概是目標的方向前進，然後一邊視狀況決定下一步該怎麼做」的模式。

個人也是一樣，至少對我來說是如此。剛開始思考自己的使命時（你也可以稱為「人生目標」或「天命」，反正就是讓我覺得這一生有意義的事），我毫無頭緒。但是我沒有放下手邊一切事物來弄清楚，我照樣處理生活中所有實際的層面（成立公司、支付帳單、存錢、洗內衣、打電話給家人），不過從未停止尋找蛛絲馬跡。

有些跡象會出現，然後離開；突發的想法引導我的手，然後放下；一個點子種下線索，然後跑走。

所以我嘗試各種事物：不同工作、活動、事業、生活方式、學習場所和領導方式。我探索我的角色、我的個人能量地圖、我的背景故事，前面提到的所有方法；我不斷自我觀察和實驗，直到終於發現對我來說意義重大的使命。

不過這花了很長時間，可以說是花了四十年有意識和潛意識的努力。不過當中至少五年，我問自己重要的問題、留意答案出現在哪裡，並在心中拼湊所有片段，然後一點一滴的安排和準備，好讓自己只要一找到答案，就能在日常生活中履行。五年、四十年，對於我這個住在沒耐心世界中沒耐心的人（對於目標也沒什麼耐心），實在很不容易，卻非常值得。因為假使我沒有經歷那令人挫折的五年：有時得做尷尬的事、明白自己有更遠大的目標，卻不知道那是什麼、內心不停交戰，又得顧及外部的期望，我就永遠找不到我必須找到的答案。

挖掘使命的過程如此浩大，卻又如此微妙，但每個人的內心都有種子，只要好好照顧、認真對待、滋養它們，然後，一旦發現它們開花或出現蓓蕾，就要全力保護那些花朵和花蕾。

但是也要記得，我們的使命可能很嚴肅，但是不沉悶；可能是一件事，但不是一切；它很重，卻能輕捧在手心；它深具意義，但是我們以外的人可能不覺得有意義。即使沒有人注意到、願意付錢請我們做，或者根本不在意，那也沒有關係。

你是否願意尋找並跟隨線索前進，找出自己的使命？如果找到了，你會接受嗎？

為了協助你發現使命（也許不只一個），我要用接下來的篇幅介紹「情報循環」（Intelligence Cycle），並示範如何運用這個方式去蕪存菁，把對你來說重要的事物帶入日常生活；再來是替使命制定座右銘，用來提醒我們前進的道路。不要因為認為自己的使命太小或太大、太不尋常或太主觀、太困難或太實際而裹足不前。只要去探索、實驗，然後開始嘗試。

一切由你主導，由你來決定什麼才是重要，使命的性質、方向和強度也由你決定。我們會把前面章節的主題和觀點當作基礎，所以請先回想一下。跟隨線索的過程需要耐心和不斷實驗。情報活動很少一下子就出現直接的答案：環境可能突然改變、朋友可能變成敵人（或敵人變朋友）、目標轉變、結果需要時間醞釀才會出現。尋找使命也一樣，不是一蹴可幾。

所以請本著探索、開放和好奇的精神，開始思考自己的使命，發掘隱藏在內心的線索。

工具 3-1：情報循環

親愛的讀者，請戴上圍兜兜，因為接下來的內容豐富多汁。你已經完成許多艱鉅、有意義的練習，並以前所未見的方式自我分析，現在要充分利用這些資訊。因為光是了解自己、打造符合天性的生活、清理空間和時間，有時會覺得缺乏動力，所以要加入更遠大的目標：你的使命。

在中情局工作的附加好處之一，自然而然培養出故作勇敢和沒有任何事可以阻擋我們的態度。派駐在海外的探員很少討論「我們做不到」，而是「我們如何做到？」即使結果未必完美，但是如此大膽自信、相信自己能做到並堅持的作風，真的令人耳目一新。

我在這種自信的環境下發展出來的態度，加上我看事情的各種角度，形成我所謂的「明智的神氣活現」，也就是認為「什麼事都有可能辦到」（神氣活現），同時了解我不一定要拼老命捍衛自己的使命（明智的部分）。

所以，對於你可能達成的事要大膽（本書第Ⅲ部分會進一步探討），並在追求夢想的過程中，給說風涼話的人一根充滿愛、明智的手指（或兩根）。掌握自己的使命，用自己的方法和條件追求你關心的事物，把自己的價值觀當作指南。那是你真心想要的東西，不用擔心「應該」看起來怎麼樣。

你到底想去哪裡？只有你能回答。如果你從來沒有真正思考過這個問題，我們要運用情報循

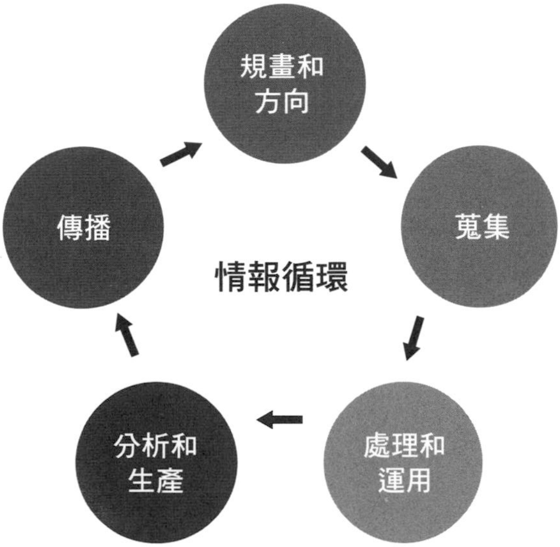

環來幫助你踏上旅程。這是我在中情局學到的好用機制。

「情報循環」有五個部分：計畫、蒐集、處理、分析和傳播。我當時是負責「分析」，而且是真心喜歡這個工作。我全心投入情報的河流、從沙礫中淘金，然後寫好完整的情報報告，再三審視修改，直到它們閃閃發光、充滿深入見解，最後提交給我們最重要的客戶：總統、內閣官員、軍事將領、國會和各級政府的決策人士。

也許美國總統沒有要求你分析某個國家派系分裂的意義以及對美國的影響，但是你可以使用相同的架構去分析你在乎的事，以及它對你與你的使命可能的影響。在「情報循環」內進行的分析可以運用在第4章，也就是制定行動計畫並結合行動團隊，幫助你達成使命。

「情報循環」中計畫的部分最為直接，一般情況下，高級情報官員接收到指示或問題（例如來自總統）後，會規畫必須部署哪些資源來蒐集資訊。對我們個人而言，你接獲的指示是找出自己的使命為何，因此你的計畫（我對你的計畫）是部署三個理想：「理想的一天」、「理想的生活方式」和「理想的遺澤（希望在世上留下什麼）」，並為此蒐集必要的基本資訊。

蒐集工作包含盡可能取得所有關於理想的一天、生活方式和遺澤的關鍵元素，這樣就可以處理和分析蒐集到的「情報」，將之轉換成可用的模式，然後把分析結果傳播給所有相關人士（在這個例子裡，總統可能不在乎，但是你和所有可能讓你的使命成真的人都要在乎）。

運用情報循環：蒐集三個理想

★理想的一天

有時透過想像極端和理想的情況，更容易找出「我的使命是什麼？」這種大問題的答案。所以我們從理想的一天開始。

花六十到九十分鐘來打造你理想的一天，融入所有感官，詳細寫下它的模樣：你住在什麼地方、什麼時候起床、窗外有什麼、聽到什麼聲音、溫度是多少、你吃什麼、和誰在一起、你如何分配時間、如何鍛鍊大腦和身體、如何填飽肚子、如何振作精神，以及你聞到、感受到、觸摸到、嚐到和看到什麼……。將之轉化為身臨其境的體驗，而且要非常具體，包含郵政號碼、餐點分量、紗織數、做工！寫下所有細節。

★理想的生活方式

現在看遠一點，檢視你理想的生活方式。同樣也要安排六十到九十分鐘不受打擾的時間，想一想幾年後你想成為什麼樣的人、做什麼樣的事、擁有什麼事物。你希望具備哪些技能？（對我來說是西班牙語，這樣我才能在西班牙語系的國家舉辦活動），你「工作」的時間在做什麼？（對我來說是寫作和演說），你「玩樂」的時間在做什麼？（對我來說是旅行，以及和至親好友花很長的時間一起享用不是我煮的飯），你住在什麼樣的房子裡？（對我來說，「家」代表幾個不同的地方），你擁有什麼？（對我來說並不多，只要沒有貸款的房子和一家人坐得下的車子、時尚舒服的衣物，以及能讓我參觀他們工作室的師傅製作的家具），你如何為身邊的人付出？（對我來說是能全心全意和我所愛的人相處，而不是同時處理很多事），你如何為身邊以外的人付出？（對我來說是對更多人的生活帶來正面影響）。

請記住，答案沒有對或錯，所以請盡可能想遠一點，而且要有自信。往大處想和往小處想花的力氣是一樣的。為渴求的事物描繪出具體鮮明的畫面，這樣一來，從下一章開始，我們就能制定計畫幫助你達成目標。

★理想的遺澤

現在想得更遠一點，思考自己希望留給後世什麼樣的恩惠德澤。這麼大的議題乍聽之下並不容易，但是所有複雜的事情本質都很簡單，只要回答四個問題，你就能發現自己希望為世人留下什麼。

- 你希望人們在你的告別式說什麼、有哪些感受和想法？
- 你希望這輩子為世界帶來什麼具體影響？
- 你希望別人如何記得你？
- 你最引以為榮的成就是什麼？

就這樣，沒有漫長折騰的過程，只要回答四個簡單的問題，就能幫助你找出自己的使命以及你希望在世上留下什麼痕跡。

思考這些事如何幫助你找出使命？構成三個理想的元素如同雷射般，讓你在心智不受束縛的情況下（畢竟我們在這裡討論的是理想），指向你關心的事物。只要擴大思考範圍，就能發現自己重視什麼，而你在乎和重視的事通常能為你指出使命的方向（同時提醒你哪些地方會令自己失望）。

為了說明得更具體，我要分享自己最近一次做這項練習的結果（我會定期檢查我的三個理想，你也應該這麼做，看看它們是否因為生活和重視的事物改變而有所不同）：

理想的一天：我早上五點起床，睡了至少七到九小時的好覺，在我的黃金時段做創意相關的工作（並在寧靜的家中啜飲熱騰騰的咖啡！）；然後叫醒孩子，全家一起吃早餐，再送他們上學；接著與團隊聯繫，為他們一天的工作做好準備；我規畫、主持活動或研討會，然後休息，和先生共進豐盛的午餐（不是我煮的）；之後坐下來，利用下午時間寫作；晚餐是健康的餐點（同樣不是我煮的！），全家一起吃飯；陪伴孩子上床睡覺後，讀理察・歐斯曼（Richard Osman）寫的第十五本《週四謀殺俱樂部》（*The Thursday Murder Club*）（理察，我真心希望你會寫那麼多本），或是和先生一起看好笑的電視節目（第四頻道〔Channel 4〕，請拍攝更多集《手機店》〔*PhoneShop*〕）；然後在他身旁入睡，半夜不會被小孩吵醒！

理想的生活方式：一年中大部分時間住在倫敦或伯克郡（Berkshire），夏天在紐約度過（靠近我家人的住所）；每年至少和先生與小孩到沒去過的地方旅行兩次；定期使用外語交談；在國內外演講或參加活動；每天花大部分時間寫作；所有家事都交給我們的「家事團隊」處理。

理想的遺澤：我不會在這裡揭露靈魂的全貌（前中情局探員在法律上有保守祕密的義務！），不過我會和你分享我到了生命盡頭會最引以為榮的事：知道自己這一生為地球盡了全力，並且勇於嘗試，把生活過得像一場冒險。

現在你看了我的三個理想，它們可能指向什麼？嗯，對我來說重要的事物很明顯：家庭、旅行、學習、與世界接觸、創造力和貢獻；對我來說不重要的事也很明顯（有些是從沒有出現在清單上的事物透露出端倪）：物質財富、家務、債務、各種形式的行政事務。

同樣的，你在做這些練習時，三個理想可能有重疊和相呼應的部分，所以要留意模式、重複出現和你真心重視的元素。只要專注地審視內心，就能找到線索，發覺使命。

下一步是找出實現三個理想的方法，看到它們在真實生活的模樣（不是只出現在夢中），以及這樣的生活是否揭露更多線索、幫助你找到使命。

運用情報循環：處理和分析

要測試、實現理想，就必須處理並分析數據。

你理想的一天和理想的生活方式中，哪些部分最令你感到開心、興奮？建議你先嘗試這些部分（找出使命的過程就是不斷假設和實驗）。例如我是寫作和發表演說，所以我優先把這些元素融入日常生活。

如何將理想的一天和理想的生活方式融入生活？以我為例，把寫作和演講加入生活有很多種方法，我一開始寫部落格（壓力沒那麼大，也沒有截稿期限，主導權在我手上），以及在別人舉辦的活動發表演說（加入既有事物，不是從頭開始打造，減少我跨出第一步的阻礙）。

你計畫什麼時候把理想的日子和理想的生活融入日常生活？不要給我空泛的答案，像是「等我退休之後」、「等我的大腦有更多空間思考的時候」，而是要很具體。你已經做過第1章執行、丟掉、委派的練習，代表你的生活中應該有實驗的空間。所以你什麼時候要開始？請給我明確的日期和時間。例如我剛開始是每星期三寫部落格，現在改成每星期天早上；一開始每幾個月演講一次，現在每星期都會安排幾場演講。

你要在哪裡把理想的一天和理想的生活融入日常生活？對我來說很簡單：寫作是在家中的辦公空間；演講在主辦單位指定的任何地點。那你呢？你要在哪裡實現理想？

最後，你需要什麼人的幫助或接洽哪些人，才能融入理想的一天和理想的生活方式？例如我一開始必須尋找並聯繫主辦單位，然後自我推銷，現在我有一位出色的經紀人幫我做這些事。

一旦處理和分析所有情報，接下來就是組織整理。在中情局，這代表歸納關鍵訊息和背景資料、回答上級提出的問題，並撰寫完整的情報報告。

至於我們的情報報告，則是要總結自己的使命可能為何或是線索指向哪裡，以及你如何測試之並融入生活。

以我為例，我的情報報告可能像這樣：

根據我的背景故事和三個理想的模式，我的使命應該與幫助他人有關，也許是藉由寫作和發表演說，討論我具備、其他人也感興趣的專業知識。光是想到這點就讓我覺得興奮，所以這是展開實驗的好地方。我要透過撰寫部落格並在創業家活動發表演講，測試自己希望分享的文章和演說主題，因為我在這個圈子已經建立了人脈，也有創立公司的經驗。我要使用「高低好惡法」和「3D法」檢視工作和家庭生活，在生活中創造更多空間，納入這個實驗。我會和丈夫討論我的計畫，他每次都有實用的好點子。

運用情報循環：散播訊息

把「發現」提煉成有條理並能實際執行的情報報告後，就要與「必須知道的人」（Need to Know, NTK）分享報告。在此處要小心行事，你的生活中並非所有人都值得接觸到你最深層的智慧，你要以差別待遇逐一判斷：你最好的朋友能算在裡面嗎？也許，也許不能。支援團隊的成員必須精挑細選，在下一章，我會進一步探討「為何有時最親近的人，可能是阻礙我們最多的人」。

執行任務：使命無關乎大小

運用「情報循環」的過程可能讓你覺得有點困惑不安，但是要堅持下去，並從中尋找樂趣。不要給自己太大壓力，尋找和追求使命的步調完全由你決定。

你的使命可能是保存極地冰冠，也可能是榨一杯冰涼的果汁，讓自己保持冷靜；也許是成立太空探索公司，讓火星適合人類定居，也可能是堅持健康的習慣，讓身體更健康；可能是創作經久不衰、令人驚歎的美麗詩作，也可能是寫出被你扔進垃圾筒、令人震驚的平庸詩作（誰又有資格決定美麗或平庸？）。

你的使命不一定要多偉大，只要對你個人、你想過什麼樣的日子、希望每天如何出現在眾人面前有意義就好。因為你的一生就這麼一次。

所以就像我說的，好好享受這個過程，不要給自己太大壓力，跟隨內心的聲音，找出最能打動你的使命。

工具3-2：使命座右銘

為了幫助你平衡輕與重、重要與無關緊要、開放探索與定義分明，我鼓勵你考慮用一句座右銘描述你希望為世人留下的貢獻。

我的使命座右銘一直是「**永遠不要拒絕冒險**」，這個座右銘幫助我每一次站在搖搖晃晃的生活平衡木上時保持端正。我唸商學院碩士、升二年級的暑假，它幫助我選擇在二〇一二年倫敦奧運會開幕式和閉幕式表演，而不是為了讓履歷好看而去大公司實習；它幫助我選擇創業，而不是去找一份「真正的工作」；它幫助我選擇成為母親（兩次！），而不是開心地過沒有孩子的生活；它幫助我駕馭一路上大大小小的叉路。當然，去實習、找一份真正的工作，或是沒有孩子，都會帶來不同冒險，但是我已經大致知道那些挑戰的模樣，我想把自己推向新的旅程。

我的使命座右銘無論在當下或最後一刻，都提醒我什麼對我來說才是真正重要；它提醒我希望一生中充滿什麼事物；等我活到一百歲，希望告訴任何願意聽我說的人什麼樣的故事；告訴他們有幸活在這個美妙的星球上是什麼樣的感覺。

請注意，我說的是「冒險」，不是樂趣。因為樂趣是短暫膚淺的，冒險卻永恆深刻。我可能在冒險的過程中受苦，依然覺得驚喜刺激；我在冒險時跌倒，依然想站起來。我可能踏上內心的（最可怕、最令人振奮的那種）和外在的冒險；大冒險和小冒險；日常和終身的冒險。我的婚姻是冒險；我的非典型職業生涯是冒險；我的使命是冒險；我內心的成長也是冒險。我選擇將這些事物視為冒險，而且我不會拒絕下一場。我想體驗雲霄飛車的刺激和下墜的暈眩。我想要體驗那種感覺，我想要感受到生命力，我想要不停地冒險。

所以你的使命座右銘為何？**如果你必須把留給世人的貢獻濃縮成一句話，那會是什麼？**你目前做決定的根據是什麼？你希望從今以後做決定的根據是什麼？

如同我們做過的所有練習，你的座右銘必須是你的，而且對你來說很重要。畢竟每個人活在世界上就這麼一次，你希望自己的一生代表了什麼意義？

關鍵資訊小整理

- 找出你的使命（讓生命有意義的事物）需要不斷實驗和自我檢討。
- 「情報循環」可以幫助你處理和分析你從背景故事、三個理想，以及所有到目前為止我們一起完成的練習所出現的主題和模式，好讓你開始按照自己的理想過日子，同時留意有沒有出現更多線索和想法。
- 如果你還是找不出使命，可以從充滿活力、認真生活開始第一步，而不是被動地拖著沉重的腳步前進。正面的態度會開啟你的雙眼，讓你看到新的想法、機會和連結，並進一步採取行動。
- 使命座右銘可以作為你一生中各種決定的依據，提醒你從現在開始朝著理想的生活邁進、打造你希望留下的痕跡。

第4章

打造行動計畫

任務名稱：選擇最好的行動團隊

第一次創業的時候，朋友說的一句話一直在我腦海裡揮之不去：「你花最多時間相處的五個人，平均起來就是當下的你。」我算了一下，結果不甚滿意。

任職中央情報局時，身邊的人和團隊就是我的一切，我與擁有各式各樣才華和能力（許多專長和能力真是超乎想像）的專家共事、接觸。離開中央情報局以及那些無論腦袋和辦事能力都一流的怪人之後，我花了一段時間才適應商業版本的腦袋和辦事能力都一流的怪人，不過當時的適應過程還算順利。

但是開始創業後，我大部分時間都是獨自一人，最常相處的五個人是我的先生、我的婆婆（我很喜歡她），和幾個人非常好但是沒什麼遠大志向的朋友。

你可以了解為什麼關於「五個人」的說法困擾著我。因為除了我的丈夫之外，當時我身邊的五個人不是能夠激勵我、挑戰我或幫助我成長的人。

將近一年的時間，我一直孤軍奮戰，無論心理或身體都覺得孤單。然後有一天，我和我最注重個人成長的兩名創業家好友建立了一個WhatsApp群組，這個小小的舉動後來證實是我這輩子最能改善生活、促進事業的決定之一。一直到今天，我們的三人小組都持續幫助我個人和事業成長、進步，就像我的CIA團隊和MBA同學一樣，我們給予彼此的建議提升我們的心靈和銀行帳戶，而且群組裡「我們支持你」的精神幫助我化解無盡的挫折、困惑、焦慮和卡關（成為公司創辦人，不像連帽衫流行文化告訴我們的那麼簡單！）。群組人數少是我們的優勢，我們相互信任和了解，也願意花時間在彼此身上，較大的群組效果也許不會這麼好。

並非所有WhatsApp群組、創業群組或任何類型的群組都這麼優質，這和大小無關。我們必須去高標準、高期望的地方，去和那些即使一起泡澡也不會崩潰的人來往。如同我當時的做法，也如同我們將在本章一起採用的方法，**關鍵是為眼前的任務選擇最好的行動團隊，挑選最適合陪伴你到達你想到的地方、做自己想做的事的人。**就像印第安納瓊斯系列電影（*Indiana Jones*）的那個聖杯，你必須做出明智的抉擇，找出對的杯子，不然反而會衰殘至死！

工具4-1：六步驟啟動行動計畫

任何情報的行動計畫都是把想法轉變為現實的關鍵，所以不要急於完成這部分。你也許不擅長規畫，像是我以前總覺得自己不受拘束，寧願過著「沒有計畫的計畫」的生活，但是如果想讓夢想成真，就必須規畫如何執行，然後把計畫付諸行動。

只是說出自己想要什麼無法讓你達成目標，太多人一輩子在希望中度過：「我想換工作」、「我希望另一半更常與孩子互動」、「我希望自己可以買這個那個」、諸如此類，然後就裹足不前。如果你真心想要擁有什麼，就不要光說不做。行動計畫可以幫助你展開行動，協助你評估當前的狀態、你想達成什麼目標，以及如何填補兩者之間的缺口。

我們要一起為你的使命繪製地圖，找出資源、資產、缺口和要求，並思考緊急應變計畫，解決可能出現的問題或障礙，然後我們會審查情報，以確保計畫明確並切合實際。最後是整合重要的行動團隊，協助你完成使命。

步驟一：為使命繪製地圖

每當我們想改變或是做出重大決定，尤其像「使命」這種令人振奮的事物，難免會滿腔熱血，很想直接拿起衝鋒槍迎向槍林彈雨，但是現實生活並不是好萊塢電影，衝鋒槍最好替換為詳細的「地圖」，**找出自己擁有哪些資源和資產**、**還缺少了什麼**，**以及如何填補缺口**。如果能為使命（或是任何你想達成的目標）繪製正確的路線圖，就能大幅提升成功的機會、減少落入隱藏或明顯陷阱的機率。

步驟二：盤點有幫助的資源和資產

為使命繪製地圖的第一步是盤點有助於達成使命的既有資源和資產，包括物質資源、人際資源、知識資源、財務資源、時間資源和精力資源。將它們一一寫下，越詳細越好。

假設你發現自己的使命是把副業變成能夠獲利的全職事業。也許你從**背景故事**中發現，最令你心滿意足的時刻和最快樂的回憶是把創意和想法變為現實；從**情報循環**的練習中，你發現財務獨立是使命中最能引起你共鳴、最令你感到興奮的部分；能夠自由決定如何以及在哪裡投入時間、不用朝九晚五或遵循別人替你安排好的時間表，也是在**三個理想**反覆出現的主題。

要測試這個目標，看看全職創業是不是你的使命（或是帶領你走向使命），可以列出像下面這樣的清單，盤點手中的既有資源和資產：

- 物質資源：你的商業網站和現有的產品或服務。
- 人際資源：你的客戶與兼職創業聚會小組認識的人脈；另外有一位多年來把事業經營得有

聲有色的同學；還有一名前任同事在YouTube教授如何創業。

- 知識資源：你擅長創意工作和接洽客戶，但是比較技術的層面（募資、財務管理、培養團隊等等）就沒那麼擅長。
- 財務資源：你目前可以投注在事業上的資金不多，因為小孩剛上托兒所，而且積蓄是零。
- 時間資源：一天的時間永遠不夠！但是小孩到托兒所後，在你正職工作結束和去接她之間大概有幾小時的空檔。
- 精力資源：低於零。兼顧工作、孩子和副業實在很累！

步驟三：找出資源缺口

盤點現有的資源和資產後，要找出自己缺乏哪些資源，也就是缺口，將它們列出來。從上面的清單中，你發現知識、財務和精力資源是主要缺口。所以現在要整理出你的……需求，需求是你必須做些什麼才能填補缺少的部分，以及如何做到。你必須做什麼才能填補以下缺口：

- 知識資源缺口：首先要了解如何募資和資金管理，這些知識對於擴展業務至關重要。
- 財務資源缺口：寫下擴展業務可能的費用，然後制定預算，做為募資的依據。
- 精力缺口：必須想辦法充電，尤其是小傢伙夜裡醒來好幾次。

現在是有趣的部分，你要發揮創意、思考如何填補這些缺口：

- 知識資源缺口：你已經聯繫當地商會和商業中心，看看有沒有免費課程和資源。你也開始閱讀商業書籍和雜誌，同時收看前同事的YouTube頻道，了解其他公司創辦人創業歷程。
- 財務資源缺口：讓另一半參與探索使命的過程，然後規畫共同儲蓄計畫，盡量多存一點錢，好用來發展事業；此外，你們都同意每週搭兩次公車上班（搭公車比較費時，但是比開車和支付停車費省錢。而且你從「高低好惡練習」中發現，你可以融合喜歡與不喜歡的事物，像是結合看書與搭公車通勤；看看這麼做是不是效果超讚！）；你也決定每週少喝一杯燕麥奶拿鐵、取消從沒使用的健身房會員，並且自己帶午餐上班，而不是每天外食（是不是省很大！）。省下來的錢你馬上可以用來雇用兼職助理，這樣就可以接下更多客戶，同時保留全職工作。
- 精力資源缺口：短期的做法是請另一半早點回家，每週「值兩天夜班」，好讓你有時間建立事業，或是去上之前找到的免費商業課程；中期的話也許可以研究一下營養、壓力、荷爾蒙和其他可能提升或減損精力的事物。

哇，很厲害喔！你把「理想」和「使命」這種無形的事物，經由仔細思考和詳細規畫變成具體的事實，又發揮創意來實現。以前你沒有足夠的時間、金錢或精力，甚至毫無頭緒，不知道能夠做些什麼來讓生活（或副業）起飛，現在你主導一切，讓夢想成真。實在太棒了。

步驟四：事先準備好應變計畫

我們秉持著什麼事都可能發生的心態，尋找創意方案來解決可能阻礙你達成使命的問題，因為所有計畫都需要應變措施：另一半有時得加班、路上遇到塞車，或是寶寶生病、除了你之外誰都不要，或者原本令你興奮的免費商業課程進度太慢、內容太簡單。

什麼事都可能發生。但是這並不代表你不能防患未然，只要事先想一下，大多數問題都可以預見，所以我們要有完善的應變計畫。這個過程可以分為三步驟：

一、列出最可能發生以及最具破壞力的潛在問題。
二、為每一個問題想出一套計畫或解決方案。
三、落實應變措施。

如同上述例子，應變計畫步驟可能如下：

範例一：

一、另一半臨時得加班（潛在問題）。

二、如果發生在我安排建立事業的夜晚，可以請媽媽待命，幫忙照顧寶寶（解決方案）。

三、我馬上打電話給媽媽，問她能不能空出每週二晚上，預防我們突然需要她幫忙照顧寶寶（落實應變措施）。

範例二：

一、有時候寶寶只要我陪，不然就不肯睡覺（潛在問題）。

二、我盡快陪她睡覺，但是如果隔天實在太累，需要補眠，那就利用週六做更多業務相關的工作（解決方案）。

三、找一下有沒有周末或線上的商業基礎課程。如果有就太好了，我馬上註冊（落實應變措施）；如果沒有，我就重複步驟二和三，直到找到可行的解決方案並採取行動。

範例三：

一、我報名的免費商業課程可能不如我想像中有用（潛在問題）。

二、如果發生這種情況，那就去註冊頂尖商學院的免費課程（解決方案）。

三、我研究了一下，看來有很多適合我的迷你課程，不但免費，評價也很好，所以我把它們加入瀏覽器書籤。我也去申請中小企業補助金，可以拿來上一些付費課程，甚至去唸企管碩士在職專班（落實應變措施）。

我可以舉很多例子示範可能出錯的地方和解決之道，不過我想你已經明白該怎麼做。這非常簡單，而且能帶來你做夢也想不到的驚人結果，但是你必須花時間思考和計畫。

大多數人不曾有條理地分析自己的生活，我之前說過了，我知道，但是重要的事需要重複做，所以請開始習慣這種深謀遠慮的生活和領導方式。畢竟汲取中情局的做事方法就是你看這本書的原因。

步驟五：審查情報

說到汲取中情局的做事方法，就一定要探討如何審查情報和到目前為止你為使命與行動計畫蒐集到的所有相關資訊，才稱得上完整的行動計畫，也就是找出並質疑計畫中所有潛在的假設（另一半真的可以每週提早回家兩天嗎？），然後根據真實生活進行壓力測試（天啊，她春天要出國開會，還有夏天要參加領導力度假會議）。什麼事都有可能，這點絕對沒錯，但是並非所有事情都會發生，我們必須衡量得失輕重。審查數據可以幫助你找出並接受必須取捨的部分。每個人手上的時間、精力和資源就這麼多，花在一件事上的每一分鐘、每一點精力和資源，都代表另一件事不會得到這些時間、精力和資源。我花一小時全心陪女兒玩耍聊天，代表我那個小時不在工作；我上健身房運動、消耗體力，代表我沒有把那些精力用來辦公。這沒有好壞之分，就只是取捨。

大多數人不願承認自己必須取捨，更不用說刻意接受，但是你不是大多數人（我們花了這麼多心力！），所以要質疑你的使命為生活增添了什麼，同時承認它可能需要你拒絕一些事，例如，我很清楚有時寫作和演講工作會讓我遠離家人，但這是我願意做出的犧牲。

你也必須決定。請履行你的使命，但是要記住，**每一次你對一件事說「好」，就必須對別的事情說「不」**，而且這沒有關係，人生就是這樣，被你說「不」而受影響的人，只要給他們機會，他們就能理解（希望如此；至於無法理解的人，會在行動團隊的部分進一步探討）。

例如，寫這本書時，每一次女兒要求我陪她玩，我都覺得很糾結，因為我必須拒絕她、專注於寫作。為這件事苦惱好一陣子之後，我決定向她解釋。我抱著她坐在腿上，告訴她媽媽正在寫一本書，解釋這對我來說有多重要，還有我只會在固定的時間內工作，所以她可不可以不用我陪、自己去玩？那段談話後沒多久，我無意中聽到她對我丈夫說：「爸爸，媽媽現在不能玩，因為她必須寫好她的書。」（我感動到哭）我沒有把她推開，而是邀請她加入我的使命，讓我在取捨時不會那麼難受。她用自己的方法接受我要寫作、無法陪她玩這件事，我再也不用花很大的力氣決定如何是好。所以要審查數據，對使命進行壓力測試，並接受自己必須取捨，然後讓你生命中的人為你帶來驚喜。

執行任務：減少消費，增加投資

我想在這裡暫停一下，因為行動計畫是無形的理論遭遇冷酷現實的地方，而幾乎所有人都要面對的現實，往往是缺乏時間、精力或財務資源。

如果你有好好執行「高低好惡法」和「3D法」，時間應該比較不成問題（而且只會越來越好，因為熟能生巧）；如果你有仔細聆聽並且按照自己的個人能量地圖做事，應該也會有更多精力，不過我們還沒有深入討論財務資源，所以現在要來處理這部分。許多人會把行動計畫失敗歸咎於缺乏財務資源，但是有時（也許通常如此），財務不足的背後是沒有思考輕重緩急，未必是缺乏資金。

所以我給你的命令是：鉅細靡遺、誠實地思考自己的消費方式（相對於投資），然後就如你猜測到的：按部就班地分析。大致而言，我會把「消費」定義為立即帶來短暫愉悅的花費，通常是小而頻繁的開支，不會為我們的生活或人際關係增添恆久的價值，例如上班路上順手購買的咖啡和貝果、在IG上看到，一時興起訂購的鞋子、時常和另一半到昂貴的餐廳約會、情緒低落時買東西提振心情而累積的信用卡債務。

另一方面，我將「投資」定義為能帶來長期的快樂或延遲滿足的花費，用來為生活或人際關係增添恆久價值的較大筆支出，像是付費參加擴展業務的研討會、與另一半進行伴侶諮商，好讓你們的感情歷久彌堅、把孩子送到托兒所，讓你能夠回去做令你感到神采奕奕的工作等等。

你可能猜到我接下來要說什麼：為了投資使命，有時你必須刪除放縱的消費（至少其中一部分，或者至少一段時間）。為了幫助你用持平的方式做到這點，同時依然能享受生活，我另外設計了現金流表格，放在www.ciatoceo.com/bonuses，協助你探索可以在哪裡釋出財務資源、把更多錢投資在使命之上。

簡單來說，如果不確定一筆支出是「消費」還是「投資」，可以這樣想：「投資」會幫助你建立夢想中的事業／生意／生活／使命，而「消費」會幫助你打造別人夢想中的事業／生意／生活／使命。

步驟六：選擇願意幫助你的行動團隊

現在你已經為使命繪製詳細的路線圖，並釋出達成使命的必要資源，最後的環節是召集支援的行動團隊。這些人都是你的貴人，他們會在一路上協助、引導、推動和激勵你。團隊成員可能是同事、同行、聰慧的朋友和所有你可能想像得到、在你的世界或曾經在世的各式各樣的人。

選擇的關鍵標準是對方是否具備能夠協助你達成使命的技能和相關經驗，不要盲目地把沒有實際助益的至親好友加入團隊。原因如下：

我從商學院畢業後，我的手足做了一件我只能稱之為干涉的事。我剛拿到碩士文憑，他們擔憂我決定創業，等於草率地把我的生活、事業和文憑丟入垃圾堆。「先去大公司上班，讓履歷表好看一點，」他們懇求：「然後再去做自己想做的事。」

這樣的單向對話持續了幾小時，儘管我們在喝美味的雞尾酒，我的嘴巴卻嚐到苦澀和遺憾。如果他們是對的呢？我心想，即使我嘴上很堅持：「我是大人了，我知道自己在做什麼。」

要是我失敗了怎麼辦？如果我的事業沒有起飛怎麼辦？我沒有去那些「厲害」的地方上班，是不是錯過什麼好機會？少了那些企管碩士都很想去的管理顧問公司在我的履歷上吹捧我的能力，會有什麼後果？如果我真的如他們所說的莽撞怎麼辦？

我的手足說得都很有道理，所以我為什麼不能按照他們說的做，理智一點？為什麼我不能找一份「真正的」工作？

我有一套理論（事實上我有很多套理論，你可能已經發現，不過為了表達我想說的，現在就當成只有一套）：**認識我們或愛我們的人，往往是最可能阻礙我們做不一樣的事，或是做出重大改變、追求使命的人。**很多時候，他們要我們停留在過去他們「認識」我們的模樣、希望我們保持原狀，更多是為了他們自己的利益，而不是為了我們。他們可能只是希望我們繼續扮演某個角色，才不會破壞多年來建立的平衡，或者才不會挑戰他們自己的舒適圈；或許他們希望我們按照某種方法做事是出於保護心態，擔心我們可能失敗、心煩意亂或自毀前途，他們不希望我們受到傷害。

但是你知道嗎？沒有人能為我們做到這點。沒有人可以讓我們遠離失望；沒有人可以像我們一樣了解自己內心深處的想法（現在你知道如何偵測內心的想法）；沒有人能告訴我們，我們的使命應該為何；沒有人能告訴我們什麼危險或不危險，因為每個人對風險的定義都不一樣。我們必須傾聽自己的直覺和本能、了解自己的目標以及希望成為什麼樣的人，因為有時候，也許很多時候，**我們生命中的每一個人都有各自的盤算，我們不能讓他們決定我們要過什麼樣的生活**。

我有沒有無視手足的建議，直接告訴他們謝謝再聯絡？當然沒有。我仔細聆聽他們的建議，然後百般折磨自己、思考他們是不是對的，最後決定踏上自己的路。我制定應變計畫（你們看，我都有做到我要求你們做的事），然後全力以赴、開創事業，因為我別無選擇。我非常努力（我當時尚未學會事半功倍的技巧），而且我做到了。我新創事業的收入完全不輸一般企管碩士畢業生的收入，一勞永逸地解決每個人的擔憂，包括我自己的。

但是這真的很不容易，尤其在一開始，我自己的懷疑和不安全感不時出現，連打電話給家人都很吃力。我無法忍受和他們說話，因為害怕誰又會告訴我要「留意一下」有沒有好工作或連絡獵人頭公司，或者把自己的事業當成業餘嗜好。他們的關心和焦慮只會放大我自己的焦慮，我必須用盡全力才有辦法點頭和「嗯嗯嗯」地敷衍，把他們當成耳邊風。

因為我發現那些「了解」我們和愛我們的人不一定是對的，他們不一定有資格加入行動團隊。如果太輕易聽進他們的話，很可能無法成為我們希望並且有能力成為的模樣。當然，**我們可以把他們的擔憂納入考量，但是不代表要讓這些擔憂阻止我們實現使命和願景。**我們可以按照自己的方法做事、保護自己，同時化解他們（和我們）的擔憂，有時乾脆把他們的話當成耳邊風。

不是每個人的建議都值得採納，不管對方有多愛我們；不是每個人都有資格發表意見，無論他們出現在我們的生命中有多久（我不會向我的髮型師尋求稅務建議，儘管我認識她的時間遠超過我認識會計師的時間），或是他們有多聰明（我永遠不會讓我的會計師決定我的髮型，即使她是很聰明的人）。有時我們要提防那些「了解」我們而且愛我們的人，因為他們可能是最大的阻礙，而且關於我們的使命，很多時候他們根本不知道自己在說什麼。

做出重大改變、完成遠大目標、達成使命太重要也太私人了，絕對不能讓其他人為我們做決定。這就是為什麼我們必須根據經驗和專業知識來挑選行動團隊，想一想你的目標是什麼、你希望成為什麼樣的人，而不是我們過去在做什麼，以及我們以前是什麼樣的人。

我分享這點，是因為替使命挑選行動團隊（代表有些人不會被選上）的過程可能會有點尷尬，你也許得刪除生命中非常重要的人，但是這並不代表要與他們斷絕關係（我沒有因為家人不希望我創業而不和他們說話！），只是你要為使命挑選合適的團隊，然後和其他人設立界限。

如果你的使命是成為深思熟慮、以價值觀為導向的CEO，不過同行多半崇尚社交和高談闊論，你就要找其他安靜低調的優秀領導人加入行動團隊，好讓你能定期與他們見面並交換意見。這些人可以是你從未見過（稍後會進一步解釋）、同行或不同行業、年輕的新創公司創辦人或經驗豐富的企業領導人，然後只在年度大會或是偶爾的社交活動與那些高聲講話的人互動（如果真有必要和他們互動）。

如果你的使命是成立大型金融科技公司，那就尋找其他創業人士、金融科技公司創辦人、商業專家、科技專家，與他們討論你的業務（畢竟他們具備相關的技能和經驗），然後把與家族的對話限制在孩子上學的趣事、叔叔的糖尿病、今年過年要去哪裡玩，或是你最近在串流媒體看了哪些節目。

如果你的使命是加入合唱團，可以找其他歌手、合唱團團長、創意人士加入行動團隊，和他們討論你的使命，然後把與現有朋友的對話限制在週末計畫、你在看什麼書，以及其他與使命無關的「安全」主題。

為使命挑選行動團隊，你必然會發現自己漸漸脫離一些社交圈，不用太在意，這只是過程的一部分，人生就是這樣。

這些年來，我已經不再和一些朋友聯絡，不是因為他們不好或無趣，而是因為我在追求使命的過程中，認識很多更聊得來的朋友，而且我的時間有限（又是取捨），我寧願把時間投資在了解現在的我，能幫助我成長、蛻變和茁壯的人身上，而非硬要把過去認識的人留在我的生活中，只因為他們曾經是生活的一部分。

我們不可能靜止不動，只有前進或後退、滿足或沮喪、成長或萎縮，我們所屬的社群、花最多時間相處的五個人、我們的行動團隊，會驅使我們朝著一個方向或另一個方向移動，即使微小到難以察覺。這就是我們為什麼必須加入擁有相同志向和勇氣的群體，讓自己處於接受、了解、挑戰我們的社群；在聽到告訴我們「應該」做什麼、「應該」追求什麼，以及「應該」成為什麼的聲音時，結交的人脈要能幫助我們不為所動。

這就是我們為什麼必須明智地挑選行動團隊成員，同時減少花在其他人身上的時間和心力。

構成行動團隊的社群、人和想法未必是實體的，你也不一定要和他們直接溝通，他們可能是某本書的作者、Podcast主持人、你關注的思想領袖、你加入的網路論壇。你吸收的所有想法、觀念和對話都是行動團隊的成員，因為他們影響了你以及你能成為什麼樣的人。

我不是要你生活在泡泡裡、創造同溫層或搜尋確認想法的資訊，我是指讓你身邊圍繞著能夠提升、激勵和滋養你的想法、人、對話和其他任何能幫助你成長的形式，而不是讓你感到洩氣、壓抑或扭曲。正如任何軟體工程師或營養師都會告訴你的：「垃圾進，垃圾出。」你正在追求重要的使命，連看一眼垃圾的時間都沒有。

因此，請慎選接觸的資訊、對象和頻率，不要讓老是否定你、會在背後捅你一刀的人，或是心存善意卻無知的人加入團隊，破壞你的行動。

你和你的使命需要，也值得更美好的事物。

關鍵資訊小整理

- 為了實現使命，你必須有一套行動計畫，詳細列出達成使命所需的資源和資產、差距和要求，並規畫緊急應變措施。
- 制定應變措施的步驟是找出最可能出現和最麻煩的潛在問題，然後針對每一個問題想出解決方案。
- 對行動計畫進行壓力測試的方法是審查資訊和其背後的假設，然後承認並接受我們有時必須取捨。
- 要籌措達成使命所需的資金，請檢視你的消費和投資，然後把更多財務資源分配到投資那一邊。
- 根據技能和相關經驗挑選行動團隊成員；一直在你身邊的人不一定符合這些標準，但是你不需要對他們置之不理，只要限制與他們分享的資訊和一起從事的活動。

第I部分 回顧

親愛的讀者，我們經歷了千辛萬苦，終於走到這裡。我真的很開心你開始關注這些不容易處理卻非常重要的事，因為我知道改變的力量來自於正視和解決這些問題。

什麼事都有可能，而且你已經找到有系統的分析工具，幫助你達成目標。我不會跑去你家檢查你有沒有完成背景故事練習、看看你的三個理想列得夠不夠詳細、詢問你的員工你有沒有按照「個人能量地圖」調整工作時間，或允許他們這麼做。我相信你在乎並且希望活出最精彩的自己，願意花時間研究我分享的內容，然後一點一滴付諸行動。

現在你已經放大思考格局，找出自己希望達成什麼使命、成為什麼樣的人、擁有什麼，現在先暫停一下，回顧之前的練習。修補、調整、強化和思考。因為在第II部分，我們將利用第I部分的工具，透過對自己的生活「發號施令」，並且以身作則，提升你的領導能力。

第Ⅱ部分

提升領導力

第5章
成為優秀的領導者

任務名稱：重新定義領導力

「站長（Chiefs of Station, COS）」是中情局海外駐點的最高主管。我被派駐在戰區時，曾經在一位打破所有對於站長「應該是」什麼模樣想法的站長手下做事。亞當（不是他的真名）是夢幻上司，他了解分析師為情報團隊帶來的價值，無論總部要求我做什麼，他都很支持我的工作。我們像平輩一樣互動，儘管他的聲望和硬漢作風讓我肅然起敬；他對待我和所有與他共事的人的態度，彷彿我們是任務不可或缺的一部分（嗯，有些人是比其他人不可或缺，但這似乎沒有改變亞當對待任何人的態度）。

他叫我「妹妹」，並讓我使用他的飛機和維安團隊；他問我需要什麼資源，然後協助我取得；他不用吼叫、虛張聲勢、展現自己有多強悍（也就是那些認為「主管」等於老大的錯誤想法，尤其在中情局這種超級大男人主義的環境），他是我在中情局遇到的第一位優秀領導人。

查爾斯（再次強調，不是真名）是另外一名優秀的領導人。他出身於海軍陸戰隊，喜歡說冷笑話，會在我們的椅子上留下詩句；他心胸寬大，擁有卓越的分析能力，而且表裡如一、勇於承擔責任，即使是他無法控制或不用負責的事；他不像周圍許多自信心不足的人，會用威嚇的方式要他人屈服，而且總是以身作則。一直到今天，我都深深佩服他既善良慷慨又足智多謀，還不會自我膨脹，一切都顯得那麼輕鬆自然。

最後一位傑出的領導人是珊曼莎（你知道那不是她的真名）。她很照顧我們，但是非常嚴格；我想達成她的超高期望，因為我覺得她看到我的潛力，我想證明她是對的；她會用微妙的手腕，在對方沒有意識到的情況下打發能力不足的人；她對偷懶或不求長進、一心追求名利地位的人完全沒有耐心，即使那些人是她的「上司」；她在必要時會使用政治手段，但始終保持誠信。

亞當、查爾斯、珊曼莎都是傑出的領導人，但是他們也期待我展現領導能力，他們這樣做，讓我發現**領導力與職稱或辦公室大小無關，而是關於你這個人、你的表現，以及你對工作的承諾**。他們把我當作領導人是因為我都能完成任務。我不用別人詢問，就把該做的事做好；沒有人要求，就想出方法解決問題。份內的事我做得很棒，份外的事我也不迴避，而且我很喜歡聽取別人給我的建議。

這些傑出的領導人不用跟我拍背、擊掌，或是做任何譁眾取寵的舉動，就激發出我的潛能。他們讓我看到領導人該有的模樣，並教導我發現、培養自己的能力。他們沒有自以為是或防衛心過重，而是坦然面對事實。你也一樣，你已經具備領導能力，並且能成為更棒的領導人，但是你不能逞強或防衛心過重，而是要坦然接受事實。我會告訴你如何做到。我們要一起重新定義、翻轉對於領導的陳舊觀念，你會發現自己也是傑出的領導人。

管理海外工作站需要更多藝術而非科學，我見過最好的「藝術家」站長都是很有自信的人，能夠看似毫不費力地動腦思考，並引導出他人令人驚歎的表現。

工具5-1：特質領導

不過高明的藝術都需要努力才能看起來毫不費力。到目前為止，本書的練習都能幫助你充分了解自己是哪一種領導人，並且進一步成為更好的領袖。我們要運用你從第I部分練習中對自己的了解，研究「特質領導（Identity-Driven Leadership™，IDL）」如何協助你掌管工作、家庭、人際關係、與自己的關係，我們要幫助你建立信心，進一步引導出你內心的站長，趕走「恐怖分子」，協助你去除可能阻礙你或你的使命的任何行為。

我遇過最好的上司都非常了解自己，他們不會試圖改變自己的模樣，但仍然力求進步，「特質領導」就是這樣：接納自己的模樣（無論結果為何），然後改善沒那麼滿意的地方，像是你如何堅守價值（或沒有遵守），或是如何處理憂慮、壓力和引導團隊通過挑戰。接納自己的領導方式，不用硬把它扭曲成別人的模樣，你會發現自己自然而然地變成其他人的榜樣。

我不是要你拿著你的角色或個人資料（或是第I部分任何練習的結果），逼迫別人按照你的想法行事，但是你要開始像優秀的探員和站長一樣，在生活的不同層面整合你的發現。

溫柔地提出明確要求

展現「特質領導」的一部分是承認你對於事情如何完成有一套標準、期望和偏好，別人是否覺得那樣很愚蠢、誇張或沒必要都不重要，因為沒有人可以告訴你你在乎什麼。這就是為什麼在工作和生活中，接受自己的「特質領導」風格，並對於你希望達成的結果提出要求很重要。

我接受自己的模樣、開始提出要求之後，反而讓每個人的生活更輕鬆。我要求助理使用特定字體整理演講稿，或是以條列方式提供資訊，而不是整篇文字；我要求客戶同意我的「約法三章」，例如準時出現、在開會前做好特定準備等等，因為這樣他們才能在最短的時間內得到最多幫助；在家裡，我要求另一半按照某個食譜烹調晚餐或帶孩子出門幾小時，因為我需要安靜的時間。當然，我的語氣柔和，不過我非常明確。我這麼做是自以為是，還是行事果斷？

因為在我看來，**明確地說出對他人的期望或要求，絕對好過有問題不直接說、以各種暗示表達想法的被動攻擊（passive-aggressive）**，如果某件事對我們來說很重要，那就去溝通，這麼做生活反而更輕鬆。你不會去一間新餐廳，期待服務生用心電感應知道你要點什麼菜，所以為什麼遇到關係重大的事，要期待你的另一半／客戶／供應商／同事這麼做？

告訴別人你想要什麼，並且明確說明你希望他們怎麼做，不要讓對方猜測。具體表達哪些指引必須遵守、哪些可以大致判斷。雖然你不一定能得到你想要的，但是至少不會留下誤解的空間，縱使結果不如你所願，那也是執行失敗，不是溝通失敗（先決條件是你已經給出清楚的指引，然後放手讓對方去做）。

領導就是承擔責任。具體說明你想要什麼，就等於接受最終的責任，讓身邊的人不用承擔不知情或無意間表現不佳的壓力（故意表現不佳是另一回事）。清楚明確的指示等於幫助對方把事情做好，不是阻礙他們。所以如果你在乎一件事、想得到某個東西，如果你有特定的做事方法、希望堅持一定的標準，不要覺得不好意思或表現得不在乎。請接納自己，然後提出要求。

如果你希望創業夥伴分擔老是出現在你辦公桌上的乏味行政工作，就明確地提出要求、說明你需要他們做些什麼；如果希望另一半做更多家事，好讓你有時間建立事業，那就具體說明新的分工方式；如果你希望記帳士每個月提交損益表，好讓你能夠利用黃金時段檢視，那就請他們這麼做、說明你希望他們用螢光筆標記哪些訊息；如果你想要什麼，但是不確定那個東西是否存在，就去問谷歌。開口問、不停問，越具體越好。第I部分的狀況警覺和繪製個人能量地圖幫助你了解自己的需求和期望，你也要明確讓別人知道你的需求！

你問得越多，就得到越多（生活是一場數字遊戲），也越可能發現成為優秀的領導人或CEO、伴侶或父母，不是要測試別人能不能讀出你的想法，而是要提供他們把事情做好的工具和指引，不用猜測你到底想要什麼。

執行任務：練習坦誠

很多人會說做人不要太直接，即使我們的生活不是在拍間諜驚悚片，他們還是把人與人的互動視為一場無休止的詭計、解碼、推理和謎語遊戲。所以這裡的命令是練習坦誠。

你不必態度惡劣，告訴別人不聽我的就滾蛋，但是你可以明確說出內心想法，讓身邊的人知道你希望他們了解你的做事方式，也歡迎他們如法炮製：我告訴你我的想法，你也可以跟我說你的做事方法。

我開始持續、坦白地表達我的期望和需求之後，身邊所有人都從中受益，因為他們再也不用猜來猜去、小心翼翼，不知道自己有沒有踩到地雷。**沒有地雷區，是因為我提供他們地圖。**他們知道我期待什麼，反過來，我也讓他們知道他們可以從我這裡期待什麼。

所以要對身邊的人誠實，再強調一次，態度不必惡劣，同時請他們對你誠實。我們不一定喜歡聽到對方的要求，也不一定要遵照辦理，但是每個人都可以運用獲得的資訊來決定如何或是否要繼續經營這段關係。

在生活中實踐價值觀

既然談到對自己和他人誠實、具體說出需求和願望，就一定要進一步探討更宏觀的需求和願望，也就是價值觀。因為成為領導人，即使「只是」領導自己的生活，都必須連結到對你來說重要的事物、確保所作所為符合自己的價值觀。

中央情報局的核心價值是**「對權力說真話」**。這不是貼在牆上的漂亮口號，而是我們每一天都必須遵循的原則，有時代表反對上司的意見、有時代表告訴美國總統某項政策不可行、有時代表告訴一名將軍他被錯誤的指標混淆。我們沒有丟下炸彈就馬上跑走，而是提供支持的證據。

雖然這麼做可能不自在、尷尬，有時甚至有點可怕，但是那是強烈的誠實文化，深信「**知道真相，讓真相帶來自由**」，即使事實也許會傷人。當然，有時過程不是那麼完美，也可能引發麻煩，但是我們做到了。個人也是如此，我們必須堅守自己的價值觀，才有資格說那是我們的價值觀，無論後果有多麻煩。

如果我們說自己重視家庭，但是整天都在工作（即使是我們喜歡和在乎的工作），只有睡覺和吃飯才出現，而且出現時仍然緊抓著手機不放，那就是沒有遵守重視家庭的價值，我們不能宣稱那是我們的價值觀。

如果我們說自己重視健康，但是吃一堆垃圾食物，只要容易吞的東西都吃，因為我們太忙了，沒辦法準備（或訂購！）真正的食物，那就是沒有履行重視健康的價值，我們不能聲稱那是我們的價值觀。

如果我們說自己重視誠信，卻偷工減料或半途而廢，只因為全力以赴太麻煩，那就不符合重視誠信的價值，我們不能宣稱那是我們的價值觀。

如果我們說重視自我，卻不照顧自己的健康、身體不舒服不去看醫生、不投資自己、不為自己挺身而出、老是批評自己的外貌或表現，那就是沒有堅守重視自我的價值，我們沒資格宣稱那是我們的價值觀。

我們不能說重視家庭、健康、誠信、自我，然後過著相反的生活，事情不是這樣運作。我們不是得誠實面對自己的生活方式，說我們真的很重視工作、垃圾食物、便宜行事和糟蹋自己，就是要改變行為，才有資格宣稱自己重視家庭、健康、誠信或自我。

我們常常把價值觀這類無形的事物想得過度複雜，但是如果我們說自己在乎某件事，就要具體表現在每一天的作為和態度上，就這麼簡單。

因此，在你準備破繭而出之際，請評估自己的價值觀，瀏覽你的背景故事、使命、所有你探索內心的成果，然後仔細聆聽。找出你在乎的是什麼（對我來說是家庭、對世人的貢獻、創造力和好奇心，我真的很重視，甚至還寫進我的結婚誓詞），然後把這份清單與每天的生活進行比對，哪裡符合？哪裡不符合？一旦找出哪些部分符合和不符合你的價值觀，就可以透過制定行動計畫來填補差距，或是就去做更多你認為自己重視的事物、更常（最好是一直）出現在你重視的地方。

幾年前，我發現我老是說自己非常重視健康，結果平均每週只運動一次，這對我來說真是當頭棒喝，太虛偽了！所以我調整習慣，開始吃真正的食物：由植物製成的，不是工廠做的！（譯注：植物和工廠的英文都是plant），然後更常上健身房。我追蹤統計數據，這樣就不能騙自己做了多少運動。只有在我重新調整、讓行為符合價值觀之後，我才能再次宣稱「健康」是我重視的價值（替代選項是宣稱我重視「不健康」，但是那樣很不切實際）。

所以要自我檢查和糾正。特質領導的重點是成為完整的自己，如果時常做與價值觀相衝突的事，你就不可能完整。

工具5-2：災難預演

完整、清楚、明確地面對自我以及自己的運作方式，並讓他人了解並不容易，你可能覺得可怕、壓力很大或不自在。有些人（也許所有人）會想起以往做自己而引發的各種災難、衝突和不安。但是我們不必讓腦袋塞滿各種最壞的情況，讓憂慮像倉鼠輪一樣不停旋轉，而是命令那隻小倉鼠順服。要做到這點，可以借助所有中情局探員都會採用的方法——預演災難。

我被派駐到戰區前，受過好幾週的訓練，幫助我為各種可怕的場景做好準備：受猛烈炮火攻擊、遭到綁架、汽車追逐、替致命傷勢檢傷分類。我必須演練這些場景，讓教練了解我遇到這些情況的反應，他們才能幫助我化解遇到危險時像鹿看到車頭燈一樣僵住的本能。

我至今仍然清楚記得一次深夜裡的練習。我開車到檢查站，被持槍的「恐怖份子」攔下，前方沒有封鎖和路障，只有兩名戴頭巾的男人朝著我揮舞步槍、大吼大叫。我坐在駕駛座，教練在我旁邊，車子的功能完好，引擎正在運轉。我當時怎麼做？我把車子停在檢查站，整個人愣在那裡。假扮的恐怖分子對我叫囂，打開車門，伸手把車子的排檔打到停車檔，我仍然一動也不動。他們解開我的安全帶，把我從座椅上拉下來、壓在車上，我還是僵在那裡。喀啦。「你死了。」其中一人在我耳邊說，接著讓我溜回車裡。

如果那是在戰區，我不是遭綁架就是殺害。和恐怖分子相遇的緊要關頭，生與死的距離是剎車與油門間的兩英吋。我的車就緒了，但是我的大腦沒有（也就是狀況警覺術語中的「變黑」），我永遠記得那次教訓。這就是為什麼演練我們擔心的災難那麼重要，你可以在最小風險下測試自己的反應，才能在事情真正發生時正確應對。

假設你希望創業夥伴多分擔一些工作，好讓你在最佳狀態下做事、讓公司茁壯成長，但是你遲遲不敢開口。他一直在白白享受你辛苦工作的成果，你希望他付出更多、兩人同心協力領導公司度過下一次重大轉變。但是坦白說出自己的需求以及希望事情如何改變，只會引起你對於破壞現狀和引發許多麻煩的焦慮。所以你要事先演練。

你想像創業夥伴覺得自己的努力遭受質疑，因此怒火中燒、對你大叫大嚷，然後氣呼呼地衝出去，留下傾倒的桌子和砸壞的電腦。在你的腦海中，你透過傾聽來處理他的憤怒，你用數據對抗他的否認。你思考他發言後你會說些什麼。

你打算等他冷靜下來，打電話給他或和他碰面，告訴他這純粹是關於公事，和他個人無關，並且問他對這件事有什麼想法和解決辦法。你為他決定退出或要求你退出的可能做好心理準備，同時也為這樣的災難事先演練：如果你們其中一人必須離開，接下來要如何處理？如果你要買下他的股份，你就必須做 X、Y、Z，但是長遠來看這樣比較好，因為 A、B、C，或者如果他買下你的股份，你會拿到多少錢、可以用這些錢來做哪些事。

對於你想像的每一場災難、每個令你焦慮的結果、所有潛在的問題，你都想出一套計畫和解決方案，以及實際的後續行動。即使你不確定有什麼樣的結果，但是你全部都能接受，因為你已經知道如何處理。你設想和演練所有災難，漸漸地，原本佔據你腦袋、不停消磨你精力的焦慮都得到應有的關注，也就是零，因為你發現所有原本令你害怕的場景其實沒那麼可怕。你召喚的恐懼已經替換為清楚澄澈的雙眼，能夠為潛在的災難找出可行的解決方案。你也向自己證明，即使發生最壞的情況，你都能應付，無論如何都能繼續前進。

哇，看看你如何化解擔憂！以後凡是遇到大大小小的焦慮或壓力，只要把虛無飄渺的災難變得具體，然後演練如何處理每一場災難，把原本投注在擔憂上的時間和精力用來尋找解決方案和行動計畫，減輕不同情況可能帶來的後果。很厲害吧。

在現實生活中，你與創業夥伴討論難以開口的問題，情況不是變好就是變壞，**但是你不擔心，因為你知道無論遇到什麼原本令你擔憂的場景，你都有辦法處理。**焦慮和壓力一直都存在，但是你沒有蜷縮在角落、閉上眼睛、僵在原地，也就是「變黑」，而是奪回掌控權。你帶領自己和周圍的人穿越焦慮，從各個角度應對潛在的災難、事先排練，直到眼前剩下一張可以採取哪些實際行動來解決問題的清單。你把焦慮和壓力推到你原本躲藏的角落。很厲害吧。

每一次不再讓憂慮和壓力耗損你的能量、每一次專注於你可以掌控的事物並找出解決方案、每一次不會因為恐懼而僵住，你都會更有自信地迎接下一個挑戰、下一場災難，然後又更有信心。因為你不要被騙了，自信不是與生俱來的能力，而是看到自己通過內在和外在的挑戰而培養的能力，以及透過做困難的事和預演災難、處理問題。我希望你永遠不用面對恐怖分子，無論真的或假的，但是你現在知道如何面對令你恐懼的事物、主導全局，讓那些事情變得微不足道。

工具5-3：「重設」內心運作模式

我們可以運用相同的排練技巧，來重設對你或你的使命沒有幫助的行為模式。

我這輩子大部分時間都是非常沒有耐心的人，我將之歸咎於：（一）身為紐約人（大都會女子沒有時間可以浪費！）；（二）我的父親（我遺傳到他易怒的基因）；（三）無法避免（我就是這樣！）。請注意，以上因素都與我主動的作為無關，只因為我就是這樣。可是問題是我不希望自己沒耐心，那麼容易被激怒很累人。我希望改變這樣的行為模式。

所以我花時間挖掘和思考，決定透過提出兩個問題來實驗：沒耐心是否並非我與生俱來的缺點，我只是習以為常？如果只是習慣，可不可以用更好的習慣來代替？

就在我仔細思考和實驗解決方案的時候，我想出重建內心運作模式的方法，讓自己不再對不耐煩感到太「舒服」，而是覺得不對勁：

R：我**檢視（Review）**自己的理論：沒耐心是無法避免的嗎，就像我一直告訴自己的那樣？還是只是我透過不斷運用而完善的習慣？我選擇後者，因為我可以駕馭自己的生活，不是被動的乘客。只要我願意，我可以把自己導向更好的方向，於是我決定……

E：尋找新的**樣板**（**Exemplar**）：我希望行為呈現什麼不同模式？我想創造不同的樣板來處理挫折；我不想表現出不耐煩，而是有耐心。

S：所以我**演練**（**Scenario-rehearsed**）新的樣版在現實世界中可能的行為模式，場景包括遇到能力不佳的客服、前進緩慢的排隊隊伍、各式各樣的緩慢、家人說了什麼讓我不爽的話以及各種煩躁的來源。在我通常開始變得焦躁或想和對方爭辯的關鍵時刻，我換掉原本可能出現的反應，深吸一口氣（或十口氣），想想自己的最終目標是什麼（解決特定問題、買菜、準時赴約、與家人維持健康的關係等等），然後保持耐性、冷靜面對。

E：接著，下一次在真實世界中遇到令我煩躁的狀況時，我會**執行**（**Execute**）排練過的新行為，在現實生活中培養新習慣。

T：開始執行和培養習慣之後，我會視情況**調整**（**Tweaks**），例如我發現與家人對話、情緒上來的時候，離開房間會比留在那裡深呼吸好，然後不停調整，直到……

神奇的事發生了，沒耐心重設為有耐心。

我知道這聽起來太輕鬆了，不過重設行為模式一點也不容易。雖然簡單，但是不容易。練習、意願、覺悟、實驗和努力缺一不可，有時我如教科書般保持冷靜，其他時候則完全不符合。但是我一直努力、一點一滴進步，只要有足夠的練習和努力，我知道耐心會變得像之前沒耐心一樣成為反射動作，不過我一定要堅持。你也是。

我不是心理學家、精神科醫生，或是任何需要學位和證書才能從事的心理方面的專家，所以以上絕對不是醫療建議，無法解決需要專業協助的行為問題（我知道你知道，但是中央情報局的訓練告訴我不能假設任何事，所以我必須指出這點）。這是你可以借助的工具，讓你可以至少試著控制你過去認為無法控制的反應（我以前真心相信我遺傳到沒耐心的基因，但是基因不是命運，而且有沒耐心這種基因嗎？）。

如果我們可以控制一件事，那就努力去嘗試，包括控制自己的行為。想辦法重設，甚至掌控它，而不是受制於一直告訴自己的「我就是那樣」的模式。

關鍵情報小整理

- 「特質領導法」是接受自己原本的模樣、誠實地與他人分享、堅守價值觀，以及像高明的領導人一樣化解憂慮和壓力。
- 如果發現自己陷入焦慮或擔憂，可以事先演練所有你能想像得到的災難，把精力集中在研究如何減輕或處理特定問題。

- 「重設內心運作模式」要靠練習和努力，但是你可以改變對你沒有助益的行為；基因不是命運。
- 你可以主導自己的生命和生活方式，而不是受它們控制。

第6章

選擇自己的賽道

任務名稱：專注於你的使命

成長過程中，我汲取到許多帕特爾家族的智慧，因為家裡除了父母，兩邊的祖父母都與我們同住，幾乎每一天都會聽到長輩的箴言。有些是古吉拉特語（Gujarati）的經典名句（我最喜歡的是「Khakhra ni khiskoli sakar no swaad su jaane」?，大致可以翻譯為「只吃薄餅的松鼠知道糖的美味嗎？」也就是指有些人沒有品味！順道一提，我們現在每一次回紐約都還是會聽到這句話，因為在他們眼裡，我親愛的英國丈夫是「松鼠」，居然不懂古吉拉特食物有多美味），其他格言則是我們家族專屬。

我清楚地記得有一天父親載我們上學，有人看到豪宅發出羨慕的評論，父親的回應是：「你們應該試著過**『絕對的生活，不是相對的生活』**」，幾十年過去，我依然記得父親這句很有智慧的話。

很多人如果沒有和別人比較，似乎不知道自己「處於什麼位置」，也不清楚該如何感受。我們覺得自己的婚姻生活還算不錯，因為比朋友的好（但是我們對自己的婚姻感到滿意嗎？）；我們覺得自己的薪水高，因為比同儕多（但是每週工作一百小時值得嗎？）；我們入不敷出，因為我們想要比周圍的人擁有更好的車子／更大的房子／更昂貴的衣服（但是我們是否因為購買這些物品，讓自己陷入財務困境？）。我們在比較之後決定我們的感受，而不是詢問自己內心的感受。我們的內部情緒取決於外部訊號。

唸書和工作也是如此。我們不對自己的表現感到滿意，直到有人稱讚我們；我們不為自己感到光榮，直到有人給我們金色星星貼紙（我無意中聽到一段對話，一個人問：「如果沒有人告訴你做得好，你怎麼知道自己做得還不錯？」另一個回答：「我就是知道。」答案讓我這個從小渴望得到金色星星貼紙的人大吃一驚，搭配核爆蕈狀雲和腦袋炸開的表情符號。）

不斷尋求外界驗證就像瘟疫。也許人與人比較是出於本能，但是正如上一章證明的，只因為有些事情感覺無法避免（或者是人類無法避免的天性），並不代表必須如此。我們可以選擇不要過度重視外界的想法；我知道，因為我就是這樣選擇。在這一章，我們要學習如何像我父親說的：**過絕對的生活。我們要專注於自己的使命，而非不停比較，把心力放在別人的使命之上。**

如果中情局探員老是把心力放在別人的任務上，而不是專注於自己的任務，不但會分散注意力，還很危險，後果不堪設想。生活也是一樣，在商場，過度關注競爭對手會導致我們偏離正軌，只會拙劣地模仿其他公司。我們做任何事情，尤其是像使命一樣意義重大的事，很容易染上一種我稱之為「比較癌」的病，所以在這一章，我們要想辦法讓你（重新）把注意力放在對你而言真正重要的事物上，不是一直轉頭看別人在做什麼。

我們會在你遇到外在或內心的批評時幫助你專注、不要讓使命不斷擴展延伸（很多人會遇到這個問題，老覺得自己什麼都想做）。我會提供你工具，在你面對誘惑和干擾時協助你找回雷射般的專注力，所以沒有任何事和任何人（包括你自己），可以阻止你朝著使命前進。

準備好，我們開始吧。

工具 6-1：擊退「比較癌」的六個方法

許多年前，那時我剛創業，有一天格外心煩意亂，一下子全神貫注、一下子又像無頭蒼蠅。我停下腳步，試圖釐清自己為何如此煩躁，發現源頭是我忽略自己平日最重視的原則：我一整天都在拿自己和一位最近業務爆發式成長的好友相比。平常想到這個朋友不會影響我的情緒，他才華洋溢、慷慨、勤奮，成功是理所當然，但是我的比較癌還是偶爾會發作，必須強迫自己服用大量父親開立的抗組織胺藥物——過絕對的生活，不是相對的生活。

我懂。有動力、力求上進、希望做大事（尤其你現在發覺「自己的使命為何」或是「正在努力尋找使命」），必然會激勵我們力爭上游。而在激勵、努力和嘗試的過程中，我們開始尋找靈感、最好的做事方法、標竿、支援等等，不過有時候只因為「比較」是我們習慣用來衡量自己的方法。我完全懂。

問題在於，比較在最好的情況下只能當成激勵，最壞的情況則是令人洩氣，因為誰會拿剛學走路的小孩去和英國田徑錦標賽七項全能名將艾妮絲（Jessica Ennis-Hill）相比？這麼做似乎很愚蠢，然而我們拿自己的事業或生活與他人比較就是在做同樣的事。我們拿今天的自己比較明天的他們；我們看著別人第十年的業績，對自己第一年的表現感到失望；我們四處張望，忘記我們看到的是他們的成果（或是他們精心策劃的社群媒體形象），而不是他們的投入。但是我們還是這麼做。

所以以後如果你發現自己的「比較癌」發作，以下是一些止癢和預防全身起疹子的方法：

一、**別拿蘋果和蘋果比較**。你的第一年、第二年或第三年必然和別人的第六年、第七年或第八年不一樣。即使是相同階段，他們的第一年可能還是和你的截然不同（是相同行業嗎？一開始的資源都一樣？你們投資一樣多的錢？你們要兼顧的事情一樣多？你們有一樣多與使命無關的責任？）沒有兩顆「蘋果」是完全相同的，所以要明白你們有哪些相似處，但是也要欣賞不同之處。

二、**從他們身上學習，不要因為嫉妒而氣餒**。剖析更多成功的企業、人物和關係，去了解他們是如何做到。閱讀關於他們的文章、購買他們的傳記、收聽他們的Podcast，或者直接開口問（看你是拿自己和誰或什麼事比較），一旦知道「他們是如何辦到」之後，你就能運用或調整，把嫉妒當成學習和提升自己的催化劑！

三、**回想自己的成就**。人類很喜歡執著於自己缺乏的事物，所以一旦「比較」的心魔出現，就要強迫自己回想過去的成就和成長，拿幾個月前（或幾小時前！）的自己和今天的自己比較，去感受其中的成長或蛻變。

四、**請記住，每個人的路徑看起來都不一樣**。我們分配給各種任務的時間、精力、情緒和容量都不同。我四十歲、精力充沛、有兩個小孩、與家族關係密切、同時經營兩間公司、為其他領導人和企業家提供諮詢建議、努力維持身材和健康，以各種方式為世界、生活和事業打拼，必然和單身人士、年輕人，或時間要分配到不同地方的人有明顯差異，而且前進的速度也不一樣。通往成功的路徑有很多條，你的道路看起來和別人不同完全無所謂，甚至不可能相同。

五、享受小確幸。我的小確幸是閱讀關於航空暨太空總署（NASA）和星星的書（宇宙真的很奧妙）、看《貞愛好孕到》（*Jane The Virgin*）（這是我看過最好笑、最精彩、劇本寫得最好的影集）、聽女兒唱電影《海洋奇緣》（*Moana*）的主題曲〈海洋之心〉（*How Far I'll Go*）（聽到她唱歌，我的心就像國慶日施放的煙火），或用義式摩卡壺製作新鮮咖啡（整個過程讓我覺得好滿足）。享受小確幸是打破既有模式的好方法；微笑是緩解比較癌最好的處方。

六、敞開心胸，找人談談、寫下來，或和行動團隊聊一下，有時具體說出認為自己哪裡不如人，你會發現事實並非如此，其他人也會分享他們的觀點和經驗。我們用最嚴格的標準評判自己，與他人交談或記錄想法通常有助於轉換視角。無論你是誰或者你爬得有多「高」，總會有人在你「上面」或「下面」，總是有比你擁有更多或更少的人，以及某件事做得比你好或比你差的人。這就是人生。

做到這些並不容易。追求自己定義中的成就、成為自己希望成為的模樣、專注於你的使命，一路上都充滿心魔、懷疑和洩氣（是的，即使那些看似擁有一切、完全自在的領導人，你也會驚訝地發現其中有多少覺得自己不屬於頂端），但是你正在用自己的方法，做一件對你來說很重要的事。

並非所有人都會領導《財星》（*Fortune*）五百大企業或創立獨角獸公司、並非所有人都會得獎和出現在商業雜誌上，也不是所有人都會住在偽豪宅[4]（McMansions）或希望住在這樣的房子裡。這些事情當然都沒關係。

但是我們都會取得更大的成就、成為更好的自己、在自己選擇的賽道上跑第一。

酸言酸語又如何

「選擇自己的賽道」是很好的口號，幫助許多奧林匹克運動員、執行長、發明家和幾乎各行各業的成功人士專注於自己的使命，不受他人的胡言亂語或噪音干擾，但是有時噪音很難忽視，因為它可能是居心不良的人身攻擊或威脅。有時，即使我們專注地做自己的事，酸民仇恨的聲音也可能朝著我們噴湧而出，如硫酸般侵蝕我們的精力。我們有時也可能無故遭受輿論攻擊。

我有過類似的經驗，一些荒謬的事發生在我身上。我收過惡毒的電子郵件、下流的訊息，以及因為邀請認識的人加入網路研討會，有人威脅要破壞我的專業聲譽等等，沒錯，網路研討會！

4 編按：原文 McMansions，直譯「麥克豪宅」。始於一九八〇年代美國郊區時興建造佔地廣大，但細看裝潢用料差、品味低俗的宅邸。冠以麥當勞「大麥克」之名，諷其價值低廉、建造快速，雖金玉其外，但不如外表看起來值錢。

這種事對女性來說層出不窮，尤其當我們不願維持停滯的現狀，選擇走到聚光燈下、嶄露頭角、追求成就、引人注意、力圖改變的時候。

網路上充斥著酸言酸語，一旦被攻擊的浪潮捲入，很多人會叫你忽視、要你一笑置之、勸你「別那麼在意」或「學著接受別人的玩笑」，但是我從來不覺得侵略和攻擊行為有什麼好笑。遇到這種事，我們的心情很可能受影響、偏離追求成功的軌道。然而，我們可以挑戰你是因為「太」引人注目、「太」有魅力、「太」有名、「太」成功或「太」任何事，才會被酸民攻擊的觀念。（這又是我在第2章提到的「太／不夠的問題」），我們可以#OutThem（譯注：公開對方的訊息）、刪除、忽略，或以任何方式處理；我們可以仰賴親朋好友的支持，讓身邊圍繞著支援的行動團隊。

我收到那些惡毒的留言後，覺得困惑不安，馬上傳訊息到我們強大的WhatsApp三人小組，P. C.提醒我，被討厭代表我們變得更強大、更厲害（「死狗沒人踢。」她睿智地說）；J. E.則是寄給我一位網紅拍攝的影片，非常辛辣有趣，那名網紅被酸民以圖片攻擊，把那次經驗轉變為充滿力量、有見地、詼諧的談話。

隨著我們越來越成功、累積更多成就、不斷進步，一定有人討厭我們，這無法避免。他們嫉妒、討厭我們，只因為我們是女性／同性戀／不符傳統／跨性別／非白人／不夠強悍等等，或者僅僅因為他們想找人攻擊。這個世界向來是這樣（現代科技又讓他們能夠把毒液噴得更快、更遠），但是我們很幸運，這個世界並不孤單。我們可以仰賴行動團隊；我們可以運用相同的科技找到其他有相同經歷的人，團結起來；我們可以想辦法處理通往成功路徑上發生的問題，繼續朝著目標前進。

成功會滋生仇恨。當你累積更多成就、按照自己希望的方式生活，並且秉持自己的價值觀，卻不幸成為網路酸民、黑特和反對人士攻擊的目標，覺得受傷，就要找回內心堅毅不撓的角色，馬上站起來。

因為那些人對你的評論或看法都不關你的事，而且與你無關。他們對於你按照自己的方式過生活和追求關心事物過度、荒謬的反應，完全是關於他們自己，以及他們必須投射出去的自我厭惡。你只是剛好出現在那裡，那和你個人無關，也不是只發生在你身上。酸民就像青春痘和繳稅，都讓人覺得不愉快，卻無法避免，而且世界上到處都有。

所以堅持走自己的路，繼續追求使命、繼續做自己和發光發亮。**俗話說得好：成功是最好的報復。**

停止對自己的懷疑

不過很可惜，有時最大的酸民是你自己。有時你聽到最惡毒的聲音是內心的聲音、最惡狠狠把你擊倒的人是鏡子裡的那個人。我們做了什麼，為什麼要這樣對待自己？！

工具6-2：對抗酸言酸語的五大要訣

親愛的朋友，以下是我採用的方法，讓我在遇到類似情況時保持頭腦清醒，在此傳授給你：

一、**接受它的存在：**不要假裝批評的聲音不存在，不然它只會變得更大聲。但是接下來……

二、**要用好奇心，而不是從批判的角度來對待它：**不要因為出現這些想法而責怪自己，而是覺得好奇。通常持相反意見是一種自我保護機制，所以要接受內心的聲音也許是出於善意，但是……

三、**請記得，那只是另一種觀點：**所以要聆聽並接受它的存在，然後好好分析。你對自己說的話是否客觀屬實？是否基於公正的數據？有沒有認可你是為了創造未來、讓自己不受過去束縛而努力？與行動團隊討論，他們可以幫助你找回看事情的角度、重燃鬥志。

四、**證明那個聲音是錯的！**很多人喜歡唱反調（「我不像你說的那樣！」），所以當你腦海的那個聲音說「你在做蠢事、你這樣做會導致災難、你以為你是誰，年紀輕輕就想出人頭地、像你這種出身的人怎麼可能當上CEO……」，完成上述所有步驟，然後集中精力證明它錯了。

五、為別人而做：如果其他方法都不管用，那就為了別人努力。如果那個聲音開始嘲笑你，細數「你為什麼那麼爛、你會如何失敗、你永遠做不到或成為X、Y或Z」，或者「笑你是冒牌貨、等著被揭穿，連一場乒乓球都打不好，怎麼可能管理跨國企業」等等，那就請出你內心的榜樣角色，繼續努力下去，好讓同事、徒弟、夥伴、兄弟、朋友或孩子可以看到你朝著目標努力，知道他們也可以勇敢做自己想做的事。叫內心的聲音滾蛋！

別讓使命永遠「只是使命」

除非你願意採用亞里斯多德（Aristotle）的方法：什麼都不做，什麼都不說，當一個無足輕重的人。身為領導人、追求使命、做真實的自己必然會招致外部和內心的批評。接受這個殘酷的事實，然後面對另一個：無論你有多能幹，但是如果想發揮最大的潛能，你就必須有所取捨，而且選擇的過程通常非常困難。

我一度很難接受這個殘酷的事實，因為我是頑固的「什麼都想要」的人。我討厭自己不能擁有一切、無處不在、什麼都做、在同一時間為所有的人做所有事。我花了很長時間才接受「生活就是得做決定」的事實，不過一旦接受之後，我真的鬆了一口氣。

你可能也一樣。你假裝沒有取捨這回事，喜歡對每一個人、每一件事說「好」，你就是那麼能幹。然後發現沒時間處理真正在乎的事，無論你多努力、無論你如何使用「3D法」來分析高低好惡，或設計多完美的行動計畫，還是被捲入與主要使命無關的任務，或者更糟，全都是不重要的支線任務。

我唸商學院時就知道自己想創業。我從來不缺創意，也想出不少點子：「酬賓計畫（Divided Loyalties）」是一款將會員卡數位化的應用程式，把所有會員卡放入同一個界面，並在用戶接近商店時傳送訊息提醒用戶、以促銷活動吸引他們；「你的人生故事（Your Life Story）」是量身打造的送禮服務，幫客戶製作講述家人好友生活故事的繪本；「飛行泡沫（Flying Suds）」是非營利組織，將機場安檢沒收的盥洗用品收集起來，捐給當地的遊民收容所。我的筆記本寫滿剛萌芽的創業點子。我東想西想，一下子研究這個、一下子為另一個點子撰寫商業計畫書，接著又加入第三個。日復一日，我的創業點子停留在原地；一週又一週，我的想法依然處於萌芽狀態。

直到有一天，我的丈夫隨口問道：「你要選哪一個？」

哪一個？哪一個？？選？？？

快轉十年，猜猜看其中有多少點子真正茁壯成長？一個也沒有。因為我把時間和心力專注在哪一個點子之上？還是一個也沒有。但是真正成長茁壯的兩個事業呢？我之後會告訴你它們有什麼特別，不過現在要先來看一下案例研究。

我這輩子曾和許多勇於嘗試、樂觀積極的人共事或提供他們建議，我發現成功的人，無論成就多大或多「小」，與光說不練的人有下述差異：

當空談者看好幾小時無腦影片、追求看似輕鬆的生活時，成功者將他們的計畫付諸行動，即使遇到困難也奮勇前進。

當空談者催眠似地滑手機瀏覽社交媒體時，成功者有意識地瀏覽專業期刊。

當空談者花數小時研究最熱門的餐廳，成功者投入數小時研究最受歡迎的導師和顧問。

你知道還有什麼嗎？空談者抱怨自己運氣不佳、毫無勝算的時候，成功者思考解決之道，尋找替代的前進方法；當空談者憤憤不平，因為自己無法現在就擁有一切，成功者知道生活本來就得取捨，而且他們終究能得到想要擁有的一切。

有些人看到這裡可能翻白眼，覺得這些假想的成功者聽起來很無聊，但這就是重點：成功源自於無聊乏味。我呈交過最別創新格的情報報告，花了我們團隊好幾個月、檢視成千上萬分散四處的數據，才挖到能夠改變歷史的金礦；愛迪生（Edison）失敗了幾千次，才製作出電燈泡；星巴克（Starbucks）花了十六年才到西雅圖以外的城市擴張據點。

成功需要時間，而且不是我們能控制的時間。所以那麼多人才無法成功。

任務往往重覆又乏味

因為我們當中有多少人第一次遇到困難之後還能繼續努力，更不用說第一千次！我們當中有多少人能夠保持專注和自律，根本忘了成功這件事，而不是每秒鐘滿腦子只想著成功？我們當中多少人願意重複乏味的工作，而不是希望立竿見影？

過去的我，幾乎每一天、甚至每一刻都游移不定。我一方面知道自己必須持續做對的事（乏味），一方面又很想舉手投降，因為總是看不到結果（成功），但是事情不是這樣運作，想達成目標，一定得經歷漫長的無聊、千篇一律和專注（專注於一條路徑，不是所有路徑！），不是每個人都願意做無聊或重複的事，也很難專注。

我的問題就在這裡。我討厭無聊，我想出一個又一個點子，因為這是有趣的部分。重複做一件事有什麼價值！但是直到我專注地做一件事，我才開始看到進展。歷經了十年，擁有兩間成功的企業後，我可以肯定地說，我是因為踏上時而乏味的軌道才有這樣的成就。我接受事實，了解自己有時得做無趣的任務，而且必須專注。

如果我能做到，你一定也能。你可以把心力專注於一項使命、一個願景，即使那不符合你的天性。即使你不想做的事，只要有必要，你也做得到。你不用變成機器人，但是你必須做出選擇；你不用放棄其他事物，但是你必須取捨。有時取捨包括捨棄多彩多姿，換取無聊和專注。這就是人生，我們畢竟都是大人了。

但也許，只是也許，如果你可以改掉讓使命不斷擴展延伸的傾向，學會愛上無聊和專注，即使那一點也不有趣，成功也可能注意到這件事，邀請你回到它的家裡，享受一生難得的樂趣。

執行任務：設立界限

如果你還是不相信無聊、專注或取捨的力量，我就直說了，如果你什麼都想做，就不可能達成你希望獲得的重要成就（擁有很多選擇的CEO和領導人尤其如此）。我知道你可能害怕千篇一律，覺得多方嘗試生活才有趣之類的，但是有意義的專注也可能帶來樂趣。以下的方法能夠幫助你協調這兩個矛盾的現實。

使用書中第Ⅰ部分介紹的技巧（3D法、高低好惡法、行動計畫等等），為各種可能干擾你的需求設立界限。每天給自己一小時，或一週一天、隔週週末、半年一週，讓自己隨心所欲地嘗試其他任務／點子／目標／願景／垂直整合。分配時間和資源給熱愛變化的自己，但是要設限，才不會阻礙你達成使命。把界限當成送給自己的禮物，這樣就能滿足你對於新奇事物的渴望，同時持續追求主要目標。這才是傑出領導人該有的模樣。

關鍵情報小整理

- 「比較癌」可能扼殺使命、打擊士氣。可以透過下述方法將影響減至最低：拿蘋果和蘋果比較、向你比較的人學習、回想自己的成就、明白每個人成功的路徑都不一樣、做一些讓自己開心的事、說出感受，讓別人幫助你轉換視角和提供客觀建議。
- 追求使命和活出真實自己的過程，一定會遭受批評。有時評論很嚴厲，而且莫名其妙。不過這發生在每個人身上，所以不要太在意，也不要以此為藉口，不再繼續前進。
- 批評最嚴厲的人可能是你自己，所以要承認那個聲音的存在，並以好奇心來面對，但是要記得那只是一種觀點，你可以證明它是錯誤的。
- 如果你因為別人或內心的批評想放棄使命，那就為了其他人繼續前進，你永遠不知道有誰會被你啟發。
- 過程中最大的挑戰是不要讓使命不斷擴展延伸。什麼事都想做、希望無所不能的人，反而會一事無成。專注（專注於一條路徑，不是所有路徑）才是致勝之道。
- 當然，也要留給自己時間和空間去做和使命無關的事，但是要設下限制，才不會稀釋你達成使命的機會。

第7章
對權力說真話

任務名稱：因恐懼而三緘其口

成長過程中，我們時常遇到「不加思索、順口而出的種族歧視」（casual racism），像是對我們大喊「回你們的國家」、要求看我們的綠卡、問我們什麼時候學會說英語、逛商店時跟在我們後面，這些令人不舒服的小事，都在提醒我們：「你不屬於這裡，我們正在盯著你看。」

幾十個鄰居小孩是我們的玩伴。我們就像小小聯合國，裡頭有菲律賓裔美國人、印度裔美國人、猶太裔美國人、混血美國人、義大利裔美國人、伊拉克裔美國人和許多非移民後代的白人小孩，但是這群人也會出現歧視，其中一個白人男生經常戳我的額頭，叫我「印度紅點人」（我後來才知道他喜歡我……真是令人費解的遊樂場政治！）。

隨著年齡增長，這種不經意的歧視仍然繼續出現，一個白人男孩告訴我：「你在印度女生裡算是長得不錯。」高中時，有人介紹約會對象給我，那個人說他唯一覺得漂亮的棕色皮膚女孩是動畫《阿拉丁》（*Aladdin*）裡的「茉莉公主」；足球隊的隊友告訴我，我和「他們」（暗指其他印度裔美國人）很不一樣，並且說那是對我的恭維。什麼跟什麼？？

但是當時我只是保持沉默，我全身緊繃、覺得委屈，卻沒有為自己挺身而出，我縮成一團，很少反擊。當然我有時會為自己（或別人）辯護，卻不是每一次都能做到，因為當時我不知道自己可以做些什麼，只是被動地接受。我以為我需要許可才能捍衛自己（女性同胞們，我們到底是從哪裡得到這個觀念？哦，等等，應該和千年以來，每一次開口就有人叫我們閉嘴，甚至詆毀我們，說我們是「悍婦」脫不了關係吧？）。我覺得自己最好不要大驚小怪，這樣大家才會喜歡我，或者至少親切地接受我。

我再說一遍：到底是什麼跟什麼嘛？

在對的時間說對的話

因為我現在懂事了，比較知道如何處理。我知道有時必須打破既定的現狀；有時必須拿出攻城錘，而不是敲門；有時要大聲說出口，而不是沉默不語。

但是我們必須選擇戰役和武器。不是每一場仗都值得打；不是所有事都要在氣頭上說出來；不是每件事都必須說出口。對權力說真話不是譁眾取寵、大發議論、喋喋不休，而是要為眼前的任務挑選合適的工具，並且在深思熟慮之後，一針見血地指出問題所在。本章的宗旨就是「不是每一場戰役都值得打。」

對權力說真話是中情局的使命宣言，但是在生活中，大多數情況下，我們發聲的本能不斷被社會和習俗壓抑：小孩要乖乖聽從指令，不能頂嘴；成年人在「對話」時不停打斷彼此說話；男人叫女人閉嘴。如果我們在學校亂說話，就會被留校察看；我們不能跟某些上司或客戶聊天，因為他們「太重要」。我們從出生起，幾乎所有場合，都不斷被明示或暗示最好保持沉默，不然可能有不好的後果。這麼多人要我們保持安靜，難怪我們時常不知道什麼時候說話是「安全的」、什麼時候不是？也難怪這麼多人選擇保持沉默，而不是冒險發言？

但是永遠不質疑、總是沉默的人不會成為領導者。我們要秉持領導人真正的風範，去尋找並釋放自己真實的聲音：尊重但不順從，同時專注於眼前的任務。運用聲音是一門藝術，所以我要分享「說話的藝術」、「要求的藝術」與「拒絕的藝術」，只要針對這三方面勤加練習，你會發現內心的聲音開始綻放、跳躍、勇敢咆哮。

保持沉默為何令人安心？

進入正題之前，我們先來看看保持沉默為何令人安心。從小到大，每一個人都會接收到各式各樣內部和外部的訊號，聯手要我們保持沉默，以下是我觀察到一般人經常沒有察覺的訊號（以下並非詳盡的列表，請根據自己的經驗添加）。

- **服從文化**：世界各地所有文化都以不同程度的方法獎勵服從，而非質疑。只要看大多數學校的情況（把知識當作真理向學生灌輸，而不是可以討論的想法）；大多數家庭的情況（如果孩子問為什麼，大人會說：因為我說了算）；大多數社會的現狀（公民受到他們沒有參與制定的規則約束），就能略知一二。無論你居住在哪裡、無論你的國家或家庭背景為何，如果要一一舉例說明社會如何獎勵服從和懲罰質疑，你可能會無聊到打呵欠。
- **蕾吉娜．喬治（Regina George）效應**（譯注：電影《辣妹過招》（*Mean Girls*）裡的大姊頭）：許多人在學校經歷過啄食順序（譯注：*pecking orders*，指群居動物通過爭鬥取得社群地位的等級區分現象），發現為了不被啄食，我們必須保持低調。壞心眼的女孩統治校園，我們學到「不要引發關注比較安全，否則可能被霸凌、交不到朋友」。所以即使成年之後，我們為了不被欺負，也默默接受等級制度（社會、政治、種族、經濟、專業等等），無論那有多不公平。

- **家庭權力關係：**我們從小在家中的經驗告訴我們誰可以或不可以發言、誰會或不會遭到否決、誰說出內心想法會被貶低或羞辱，即使在「現代」家庭，也經常是男尊女卑、長幼有序（家庭顯然也有階級制度）。所以在成長過程中，無論我們認為自己支持「哪一邊」，我們都很清楚誰才有發言權。尤其在青春期孩子眼中，很多事情都是非黑即白，我們會用簡單的是非黑白來內化這個現象。
- **隨時得提高警覺的生活：**我們不斷地被提醒自己生活在多可怕、恐怖分子（現在是病毒）肆虐的世界，必須時刻保持警惕。從搭乘飛機到巴士到參與任何規模的聚會，連最平常的社交活動都纏繞著各種警告膠帶，讓我們的大腦處於超級警覺狀態。我們在日常生活中必須時時提防威脅，不斷搶奪我們的活力和思考能力，帶走我們原本可以用來發聲、完成使命或做任何事的精力。難怪我們的能量和大腦空間所剩無幾，整天處於高度戒備狀態之餘，還得把精力投注到工作、家庭、個人健康，哪還有力氣為自己發聲？
- **內心批判的聲音：**沒錯，就是上一章提到的聲音。它不斷浮出水面，內心的「我就爛電台」的DJ播放〈我糟透了〉、〈你以為你是誰？〉之類的經典歌曲，以及位居排行榜榜首的〈大家都覺得我超蠢〉和熱門單曲〈所有人都在笑我〉，我們沒有轉到不同電台（除了某位前任美國總統之外，還有誰的內心有不斷告訴他們有多棒的電台？），反而把音量調大，更專心聽，然後記得所有熱門歌曲的歌詞，確保就算DJ休息時也可以唱給自己聽。

所以我再問一次，這麼多人相信沉默是金，是不是一點也不奇怪？

執行任務：改變服從文化陋習

如果你是已經掌權或位居領導地位的人，可能也在強化「沉默是金」的訊息，所以這條命令是要點醒你（我警告過，我會直言不諱！）。

你有沒有留意自己在公司內營造的氣氛，或者你是否在模仿別人的領導方式？你有沒有刻意獎勵或懲罰哪些行為，還是只是重複過去的狀態？開會時，你歡迎挑戰性的問題，還是希望大家不要開口？你身邊圍繞著馬屁精還是獨立思考的人？你提拔有能力的部屬還是好控制的人？

請誠實面對，然後改善需要改善的地方。你可以改變長久以來的服從文化；你可以面對直言正諫，並且向對方學習；你可以拆解根深柢固的啄食順序。只要你願意，你都能做到，因為你主導了一切。

所以要表現得像真正的領袖，不要只想著顧及顏面。把「性感」的責任交給最有能力執行的人，無論對方資歷高低或討不討喜；要求誠實的回饋，不要懲罰提出諫言的人；刻意傾聽與你意見相左的人。你不一定要採納建議，畢竟你才是老闆，但是你必須了解好點子不一定從你那裡出現，以及想成為優秀的領導人就必須善於傾聽，即使旁人說出的真相挑戰你的權力。服從文化只是懶惰而已，並不是讓人輕鬆的文化。

所以要傾聽，成為真正的領導人，不要讓人三緘其口。

找回自己的聲音

你現在知道自己並不孤單，每個人都要面對幽微卻強大、將我們導向沉默的力量，現在要重新找回領導人的魄力，叫沉默乖乖聽話。做到這點要靠技巧和藝術，你不能用掃帚作畫或用電鋸建造，所以首先要選擇合適的工具、運用正確的能量，再以正確的方式引導。

首先是駕馭的部分。你必須聆聽自己的聲音，鼓勵自己在通常選擇退縮時大聲說出口。回憶所有保持沉默的片刻、為時已晚才想到的反擊、放任不管的大大小小的不公平。你剝奪自己什麼權益？剝奪別人什麼權益？如果當時勇敢說出口，可能會有什麼結果？

留意這些痛點，然後想像不同的結局。在內心重演你挺身而出、為自己或別人說話的劇本，可以輕鬆隨性，也可以像電影《春風化雨》（*Dead Poets Society*）那樣站在桌上吟詩，在心中探索出聲捍衛你關心的人事物的感覺。

接著再回想自己大聲說出內心想法的時刻：你為同事的觀點辯護、推掉客戶荒謬的要求，或者糾正一直唸錯你名字的上司（真的很尷尬！），或者和董事會持相反意見。無論是關於什麼、無論大小，每個人的一生一定有需要成為英雄的時刻，把那種力量和經驗融入你的「對權力說真話」的角色。

然後回想自己為什麼要發聲，你希望升遷？想改善你的組織或業務？你想走出人際關係的舒適區？你想倡議自己關心的議題？你想維護別人？還是推動變革？或是分享有趣的想法？不一定要針對嚴肅的事！使用你的聲音不是大放厥詞，而是運用內在的力量，在最重要的時刻為你關心的事物發聲。

經過這番回想，你可能開始感受到能量在身體的某處翻騰攪動（我的能量是一顆大球，在胸骨前嘶嘶作響），太完美了！因為我們現在要幫助你準確有力地為了你最關心的事物釋放能量，同時接受自己必須忽略某些事。記住，「不是每一場戰役都值得打」是本章的口號（尤其是女性，如果妳處於人身安全有疑慮的情況，請對於選擇的戰役格外小心），有時你必須先撤退才能贏得戰爭，只有活下來才能繼續奮戰。

工具 7-1：說話的藝術

也許你在工作場合有話想說，卻因害怕丟臉而沒有開口，然後好巧不巧，同事說了你一直想說的話，結果大受讚揚。太可惡了。

或者家族聚餐時，有人發表令人生氣的評論，你想回應，聲音卻立刻被大聲說話的叔叔蓋過，你決定放棄，不再嘗試，盯著面前的餐盤（家庭成員扮演的角色通常很難扭轉，所以如果你向來是安靜的人，就別想讓人聽到你的聲音，對吧？不對！）

無論是在專業場合還是私人領域，我們都遇過想要或試著要說些什麼，隨後卻阻止自己或讓自己被阻止的經驗。想一想這些情況發生時，你是不是想改變什麼？這是值得發起的戰役嗎？工作的戰役比較重要還是家庭的戰役？或者你在不同競技場都有特定的戰鬥？一切由你決定。

你決定之後，可以採用下列方式來發聲：

- **關掉，然後開口：**我說的是關掉「我就爛電台」。摒除噪音，你就能開始說話。如果想讓過程變得比較輕鬆，你可以……
- **準備和練習：**排練你打算在下一次董事會開會時發表的言論，想像如果有人打斷你，你會怎麼做。大聲說出來，進入正確的角色，並蒐集必要資訊、再三練習。這麼做的時候，請記得你是要排練表達方式，不是你的焦慮。我們關注什麼就會得到什麼，所以如果專注於焦慮，就會越來越緊張；把心力放在練習表達方式，就能表達得很棒。

- **採用「有計畫的無知」（Tactical Ignorance）：**我們會在第11章詳細介紹這個方法，不過基本上就是策略性地忽略所處環境，不要因為會議室的人有多「大咖」，或者因為老闆和重要客戶在場而心生畏懼。忽略背景噪音，專注於傳達訊息。
- **從風險較低的小事做起：**如果你覺得自己還沒有準備好擔任專業會議的主講人，就從小事開始，循序漸進，例如在同事離職的歡送會敬酒說話、在太座的五十歲生日宴會發表兩分鐘演講、自願主持下一次家長會會議。留意有機會公開發言但沒那麼可怕的場合，等到你更自在、自信之後，再漸漸迎向大會主講人的挑戰。
- **放輕鬆！**請記得，這不是什麼嚴重的大事，也許你說出來，結果很受歡迎（好險！），也許你說了什麼，人們一陣沉默（尷尬！），或者你發言之後，大家表示聽到了，然後繼續做自己的事（酷！），或者你說了什麼話，結果出洋相（哦，好吧！）。無論結果如何，只要理性看待，不用想太多。
- **做自己！**使用適合你的方法，多試幾個不同媒介。如果你個性內向，可以在會議召開前寫好你想傳達的內容，然後用電子郵件發送；如果你害怕與人面對面談話，可以和朋友進行角色扮演，幫助你緩解恐懼；如果你是憑直覺做事的人，那就不要過度準備（你知道如何拿捏分寸）；如果你必須打電話討論難以啟齒的事，那就先寫好腳本。發聲不一定代表要真的開口或是臨場反應，有時一個腳本、一封電子郵件、一封信或精心排練的演說也可以辦到。

不過重要的是，無論你選擇說什麼，無論在辦公室或家裡、對象是朋友還是同事，記得要適當調整訊息以及傳遞的方式。任職中情局期間，我的簡報對象包括總統、政策制定者、救援人員、特種作戰部隊、星級將領、大使以及各式各樣的人。整體訊息和分析結果都一樣，但是傳達的方法以及詳細程度取決於對方關心和必須知道的程度，以及他們希望以什麼方式接收訊息（歐巴馬總統曾經要求我們以圖表呈現書面報告，我們當然遵照辦理！）。

說話之所以是一門藝術，正是因為你必須為了接收對象調整傳遞訊息的方式，所以找老闆討論加薪時不要即興發揮，也不要用投影片簡報和另一半討論度假方案（好吧，除非你的另一半是管理顧問；他們似乎很愛聽到「簡報」這兩個字！）。根據目標選擇武器，然後請記得，想要打動對方，你必須和他們說相同的語言。

工具7-2：要求的藝術

如果是要求自己應得的事物或希望這件事成為常態，就要加入更多同理心，並適時調整內容。如果你已經挑選戰役，在運用「要求的藝術」時，仍然要接受無法避免的事實，就是大多數時間你可能會遭受拒絕。生活是一場數字遊戲，所以要假設自己會被拒絕，但是也會接受到一些善意。

有時你量身打造，把訊息調整到近乎完美、拼命準備、瘋狂排練、精確執行……，仍然遭到拒絕；有時你可能做了上述所有步驟，也許多一點、也許少很多，結果話還沒說完對方就答應。這是生命中令人發狂和驚喜的奧祕之一：**無論你準備得多充分或多隨便，總是有運氣的成分**（對方剛好心情很好、心情很差，或不好也不壞），**但是為了讓自己最可能得到「好」這個答案，你還是得做好準備，這種事沒有捷徑**。

我所謂的準備，是要讓對方能夠不假思索地答應你的要求，也就是從對方的角度思考，把你的要求連結到滿足他們的需求，使得「好」是唯一明顯的答案。總之你必須了解目標對象。

如果你希望手下的主管加強表現，與他們談話前，要先調查導致表現不佳可能的原因：他們是否遇到技術障礙、個人問題、客戶問題還是其他問題？也可以考慮沒那麼正式的個別談話，例如找對方一起喝咖啡或共進午餐，先了解情況，這樣你就能把提升表現的要求連結到激勵他們的動機（專業聲譽、對公司的貢獻、工作的榮譽感等等），而不是直覺的採用嚴厲老闆模式來嚇唬他們、逼迫他們就範。

如果你希望加薪，就要提出要求，不過和上司會面時必須詳細說明你應得的理由，而且要說到對方的心坎上：列出你對公司所有有形和無形的貢獻，強調對方在乎的事，也許是讓他很有面子、幫團隊賺更多錢、使團隊獲得專業獎項，並以具體例子說明你除了滿足所有晉升標準和績效標準外，如何一次又一次地達成她和公司重視的目標。

如果你想說服孩子吃蔬菜，可以先想想她在乎什麼，也許是跑得比爸爸快、攀岩能夠爬到頂端，或是騎腳踏車不用輔助輪，然後提醒她蔬菜會幫助她長出強壯的肌肉，讓她更有力氣跑步、攀岩、騎腳踏車（這個方法對我們的大女兒很管用！）

或者你想說服另一半騰出時間休假，那就搜尋很棒的餐廳、高爾夫球場、水療中心、自然小徑，或是任何你選擇的度假地點附近、對方感興趣的活動，然後把重點放在他們能從度假中獲得的樂趣；如果另一半喜歡撿便宜，現在也有很多相關優惠或提供最後一刻折扣的網站，找一些他們無法抗拒的好康。

要求的藝術除了關於你，也與你要求的對象有關，如果是真心幫助對方得到他們想要的東西，他們更可能真心幫助你得償宿願。

即使得到的答案仍然是「不」，請記得「不」只代表「現在不行」，而不是「永遠、一輩子都不行」（基本常識警告：請不要為了任何顛倒是非的目的扭曲上述詞句；在涉及性行為和個人界限時，不就一定是不，而且永遠是不）。我曾經要求一件事，第一次被拒絕，但是到了第四次就獲得同意；我曾經被一個人拒絕，不過改問同一間公司的另一個人時，對方卻接受。小孩子會出於本能這麼做：他們問所有找得到的成年人，直到有人答應為止。只要做法夠成熟，我們也可以在工作和生活中採同樣的方法。

提出其他好處、調整要求的方式、與不同人交談、換個時間打電話、一年後再試、領導團隊變更後再試，或是等你改變之後再試。

你可以決定何時終止與對方談判（所有的要求都是談判），所以重新整合、裝填子彈，然後再試一次。就像做實驗一樣：蒐集數據，看看對方喜歡哪些部分、哪些導致對方拒絕。你也許第五次或第五十次都還沒有抓到訣竅，但是每一次嘗試，你都蒐集到有用的數據，可以用來調整策略。這就是明智的堅持。

但是請務必有禮貌、為對方著想，才不會變成討厭鬼。太多人在提出要求時沒有遵守基本禮儀，變成糾纏不清的討厭鬼，或者拜託別人引介、給予建議、提供支持……等等，然後置之不理，或是請人幫忙，得到協助之後連一聲謝謝也不說，真是討厭！

請不要變成這樣的人。如果請別人幫你介紹生意，也很幸運地獲得引介，不要置若罔聞，請拿起電話或發送電子郵件給對方；如果你尋求建議，得到之後不要擱置一旁，請運用、過濾、拒絕，或告訴對方你做了或沒做什麼；如果向朋友、書籍、社群、宇宙尋求協助，獲得幫助後不要視為理所當然，請向對方道謝，如果可以的話，日後也要回報。

同時也要期待向你提出要求的人同樣有禮貌，這點在你成為領導人之後格外重要，因為隨著你登上頂峰、功成名就，以前如雪花般的要求可能突然變成暴風雪。這是可以預期的，但是不要被利用，你要習慣拒絕和設立界限（稍後會進一步探討）。

我們都會提出要求，也會遇到別人向我們提出要求；我們都會占用別人的時間，也會給予別人我們的時間；我們都幫助過別人，也得到幫助。這是生而為人無法避免的一部分，同時也是做為人類很棒的一部分。

但是權力越大，責任也越大，不要讓自己變成討厭鬼（或是被討厭鬼利用）。

執行任務：包裝你的說話方式

我可以想見你有時會被自己的原則捆綁，在那裡生悶氣、不說也不問，因為你認為「我的提案顯然比較好，為什麼還要換一種方式表達，好讓董事會接受」、「我是晉升的最佳人選，為何還要向老闆證明這一點」、「不是只有我可以幫孩子約同伴玩耍，另一半也應該去約」、「我為什麼要為我沒有吃的食物和飲料付錢，我們應該各付各的，不是平分帳單」，你認為自己才是對的，覺得還要解釋、說

服、證明或要求這麼明顯的事實在太可笑了，本來就應該這樣不是嗎？

親愛的，訂婚戒指不用皺巴巴的報紙包著、沒有放在塑膠袋裡不是沒有原因：包裝很重要、表達方式很重要。如果你希望對方說：「好。」如果你想提升自己如願以償的機會，就必須去爭取、提出對方感興趣的建議。生活就是如此，人與人的互動就是這樣。所以你當然可以遵守原則，但是不要讓它們阻止你實現目標。

工具7-3：拒絕的藝術

我要坦白招供一件事：我非常喜歡取悅別人，從小就是如此。我是那個上課時在椅子上扭動、手舉得老高，在老師還沒發問前就想回答問題的學生；只要受崇拜的權威人物注視著我就會心花怒放的乖乖牌；其他孩子在蒐集彩虹小馬（My Little Ponies）時，我蒐集成績單的「特優」。這種想取悅別人的症頭從未從我身上完全消失，所以在我心目中，對別人說：「不行。」就像罵髒話一樣，感覺很不對勁、惡毒、苛薄、自私，而且老師會不喜歡，但是如果你有太多重要的事得做，時間永遠不夠（所有人都一樣，生命短暫！），就不得不承認說「不」是一門很重要的藝術。

我們答應和拒絕的大小事影響我們的生活、幸福、成功、使命和一切事物。身為成年人，尤其是CEO或領導人（或是希望有一天成為），遇到必須使用「不」這個強大詞彙的時候，可以採用下述方法，就不會違背自己想討人喜愛的本能：

一、**設立界限**：我曾經花一整天時間處理自己答應別人的事，與我的核心使命或重要任務完全無關。我花好幾小時回覆電子郵件（也就是回應別人想做的事）、提供免費建議、檢視其他創辦人的報表或是任何別人要求我做的事情。我喜歡幫助別人、討厭說不，但是我很快發現自己花更多時間打造別人的事業，不是我自己的！所以我決定設立界限：我不再回應所有隨機的要求，而是創作很多免費內容（文章、YouTube影片、網路研討會等等），這樣一來我就不用一一回應，也可以幫助很多人；我每年分配一定的無償工作時數來支持幾名嶄露頭角的企業家，而不是把所有人納在我的羽翼之下；我圍繞特定的時間設立界限，就能保留很多時間給自己和個人使命。設立界限讓我可以持續、慷慨地幫助別人，同時不會影響到自己的權益或遭到利用，你同樣可以做到。所以請先決定要花多少時間、多頻繁、幫助多少人，然後習慣它……

二、**強制執行界限**：光是申明自己再也不會回應每一個陌生人的每一封電子郵件，或是不超過二百小時的無償工作，或者每年捐贈不超過三%的薪水給你認同的慈善機構還不夠，你必須強制執行預設的界限。這是棘手的部分，你可能會想：「再多一小時應該沒關係。」或是：「這個人的要求真的很可愛。」或是：「五塊錢而已，反正我是在做好事。」或是任何你可能尋找的藉口（我知道，因為我經歷過），但是不要找理由破壞界限，而是要強迫自己執行。你無法幫助、拯救或服務每一個人（我看到你囉，和我一樣什麼都想做的人！），試圖這麼做反而會削弱你的影響力。所以一旦訂出自己打算付出多少心力和付出的頻率，就要強制執行！你可以找別人幫忙，確保你不會破壞自己立下的規矩，例如行動團隊，因為身為成年人，你必須開始……

三、**接受生活充滿取捨**：每一次提到說不和設定界限，一定有人問我：「可是萬一你錯過潛在的機會怎麼辦？」或是：「假使你拒絕的企業家最後打造出下一個亞馬遜怎麼辦？」遇到這種事，我學會充滿自信地說：「那又如何？」你只需要這樣回應。生活原本就充滿取捨，接受這個事實，自信勇敢地前進，然後……

四、**練習和編寫腳本**：如同生活中大多數事物，優雅、委婉、真誠地說「不」需要練習。你可以從小事開始，循序漸進，但是一定要開始。為了不讓自己臨陣退縮，可以事先準備一些腳本，假設你知道同業會沒完沒了地向你徵詢建議，那就寫一封制式的電子郵件，下次看到收件匣出現類似請求時，你就能輕鬆回信（或者更好的是，不要親自回應，請助理處理或是設定電子郵件自動回覆系統）；如果你知道潛在客戶會向你索取免費贈品，那就準備一些高價值的贈品（有價值但不會蠶食業務），並附上價格表，讓對方知道如果他們真的有意願合作的話，必須支付的價格為何；如果你已經規畫好在孩子學校擔任義工的時數，超過之後就必須拒絕家長會的要求，那就先寫好接到運動會相關電話時可以怎麼回應的制式內容。

拒絕未必造成痛苦。你也許要過一陣子才習慣，也可能必須說令你不自在的話，但是一定要開始練習。因為你拒絕的每一件事，都釋放出時間／精力／金錢／資源／腦力／生命力，讓你能夠對另一件事說「好」。你可以對自己說「好」、對你認為有意義的事說「好」。

執行任務：為自己夾最多汁的火雞

我要在此加入另一道命令，因為我知道很多人會抗拒說「不」。你很想拒絕，也知道自己必須這麼做，但還是覺得說這種話很自私。所以要釐清一些事情：

一、**無私很可能失控，反而使自己筋疲力盡**，無論是心理還是實際層面。替自己著想前先替其他人著想、把所有人的事務擺在自己的目標和抱負之前，都不是善待自己的方法。

二、**自我犧牲一點也不高尚**，把自己的需求擺在最後並不值得尊重。我們必須先照顧好自己，並且（這是最難的部分）必須接受這麼做才是對的。

這與自私自利或吝嗇小氣無關，而是優先照顧自己的需求，並成為榜樣：不用向別人證明自己有資格成為夢想中的模樣或解釋自己的願景；不會老是把內疚掛在嘴上；不會暗自埋怨，因為你總是同情心氾濫地為別人的事奔波，沒有先繫好自己的鞋帶。

航空公司多年來都在灌輸我們一句很有智慧的話：「**先戴好自己的氧氣罩，再幫別人戴。**」生活中所有層面都是一樣的道理：我們快要窒息時，無法啟發別人；我們筋疲力盡時，無法把事情做好；一旦杯子空了，就倒不出水；我們不能（也不應該）把殉道和自我犧牲當成制約反應（其他人還是會要求我們這麼做，是不是，姐妹們？）

所以拜託，我命令你，從今天開始，先裝滿自己的籃子之後，再慷慨地裝滿其他人的籃子；為自己夾一塊最多汁的火雞，而不是屈就於碎屑；先充實自己，再無私奉獻。給自己和世界最好的你。

關鍵資訊小整理

• 我們的生活中有一股強大的力量，要我們認為沉默比說出口安全。接受這些力量的存在，然後做自己該做的事。

- 為了找出自己的聲音，請回想過去保持沉默的時刻、感受當時的痛苦，然後試想不同結果（你大聲說出自己的想法！）；回想之前勇敢發言的時刻，記得那種感覺和力量，然後引導出內心的「勇敢表達角色」，把聲音當成武器，捍衛心目中重要的事物。
- 釋放你的聲音不代表要血口噴人，而是關於力量、精準，以及選擇戰役。
- 要實行說話的藝術，你必須先關掉「我就爛電台」，然後針對不同對象，在心中彩排臺詞，並且採用有計畫的無知、從風險較低的小事開始練習、調整看事情的角度，同時找出適合自己的方法。
- 要求的藝術是除了考量自己，也要考慮其他人的需求，像做實驗一樣，嘗試不同方法，並從每一次嘗試中學習，然後堅持下去，直到你決定放棄。不過無論如何，都不要，我再重覆一遍，不要！成為不停發問，又不採納別人意見的討厭鬼。
- 不要讓你的原則妨礙你實現目標。
- 拒絕的藝術可能是最難掌握，但也可以說是最重要的藝術。你還是可以慷慨付出，但不要讓自己被壓垮，所以要設定界限並強制執行，接受一定要取捨的事實，然後不斷練習。
- 說到練習，要練習先照顧好自己，不是無私地照顧別人的需求。

第8章
馴服恐懼

任務名稱：當世界與我為敵

我高二結束時，在班上名列前茅。當時我的目標是成為畢業典禮致辭的學生代表，只要我高三修最困難的課程、繼續拿A就可以達到。所以我選修我能承受的最繁重的課程、註冊我們高中開設的每一門大學先修課，而且全部都拿A。

然而，在畢業典禮那天，我是以「敬禮者（salutatorian）」的身分上台致辭，那是保留給第二名的演講（在我心目中等於最後！），我不是第一名畢業。我難過極了。

從數學上來講，不可能有人趕得上我，所以我覺得這件事是針對我。我將之解釋為針對個人的不公平，剝奪我當之無愧、對我來說很重要的榮譽。在那之後好多年，我內心深處都有一種「反正我也得不到我應得的，幹嘛那麼努力」的失敗主義心態，但是隨著時間、距離和想法越來越成熟（謝天謝地！），我漸漸發現我們完全可以決定如何解釋發生在自己身上的事。

十七歲的我，把沒有以第一名代表畢業生致辭這件事解釋為世界又和我作對的例子（這也是我沒有性感男友和不是名模的原因，十七歲是「世界爛透了！」的年紀），但是我大可以從另一個沒那麼激烈的角度看這件事：世界就是如此運作，與我個人或我的內在價值完全無關。沒錯，我當時只是個孩子，但是很多成年人也會有同樣的想法。

客觀角度看待「反作用力」

親愛的朋友，在我們工作、生活、追求使命的過程中，事情一定有可能「出錯」，或是我們已經盡了最大努力，結果卻不如預期。投資人表現得像混蛋、共同創辦人突然變得自私、產品發表失敗、供應商對我們不理不睬、團隊成員濫用我們的信任、合作夥伴讓我們失望、孩子拒絕和我們溝通。現實會磨損我們的計畫、目標和夢想，但是如何內化和解釋這些事件，完全由我們決定。我們可以從客觀的角度看待這些事（那只是生活的一部分），也可以認為那是代表自己沒有價值或「命中注定」要失敗；我們可以選擇認為：「那個人是爛人。」而不是：「我注定不會有幸福的婚姻。」我們可以選擇：「真是一場災難，不過我會再試一次。」而不是：「我的星盤沒有官祿宮和財帛宮。」我們可以選擇：「人生就是有起有落。」而不是：「命運想把我擊潰。」

我不是建議你自欺欺人，或是認為你對發生的事完全不用負責，正好相反，我的意思是，我們可以承擔起最終責任，去解釋發生在身上的事，無論是誰的錯或是哪裡出錯，並選擇如何應對以及當「壞事」發生時，我們會內化什麼訊息。不是所有事情的意義都和我們想的一樣，有時狗屁倒灶的事就是會發生，無論那是不是我們「應得」的。

我們可以決定事情的意義；我們可以撿起（或留在地板上）讓我們和我們的生活感覺渺小的負面解釋；我們可以選擇如何內化（或不內化）發生的一切，把自己提升到最高境界。

每個人都會遇到「反作用力」（blowback），但是我們可以選擇更用力地推回去。追求使命的過程中，什麼事都可能出錯，在某個時間點、某些程度上，一定會出錯。**中央情報局創造「反作用力」這個術語，用來描述每一場祕密行動幾乎都會出現意外或不如預期的反應。**在日常生活中，混亂和出乎意料的反應也無法避免。這是牛頓物理學，和個人能力無關，而且無論如何都不重要，因為看了接下來幾頁之後，你會知道如何調整心態，幫助你面對任何混亂或災難，你會更用力地把反作用力推回去。

如同到目前為止我們討論的許多事，很多不安和災難來自內心，有時你才是最主要的破壞者。所以在接下來的頁面中，我會幫助你擺脫自己的阻礙、重新定義失敗，然後叫恐懼（F. E. A.

R.）滾蛋。一旦想清楚之後，你就能輕鬆化解可能的威脅，因為即使遇到事情出錯，都擋不住你這台子彈列車。

工具 8-1：五大心理障礙破解術

聰明的人類設計很多方法阻止自己前進。我們要求自己表現完美，只要到不了烏托邦就放棄；我們承擔許多「該」做的事，認為事情「該」如何完成，把自己弄得不堪負荷，一旦發現現實與想像不符合，便宣告投降；我們破壞、阻止自己達成使命，因為自認不夠好或配不上，或是覺得反正事情無法持續，努力又有什麼意義？我們認為自己太老或時間太少，所以連嘗試都不願意。我們豎起一道又一道障礙，花更多精神思考放棄的理由，而不是全力以赴。

我們當中許多人，也許是大多數人，甚至是所有人，都會有上述某些行為，所以我們要破除你在心中建蓋的超大型心理障礙、去除你沿路設立的破壞物，在你偏離使命時把你拉回正軌。

第一號心理障礙：因為完美主義而裹足不前

「如果想把一件事做好，就必須親力親為。」啊，完美主義者的信條。我喜歡這句話，因為我幾乎可以百分之百準確預測你們當中有多少人在腦中循環播放這類句子：沒有人可以像我一樣談成生意、沒有人能像我一樣善於談判、沒有人像我一樣那麼會寫電子郵件、沒有人像我一樣那麼會烹調午餐、沒有人像我一樣那麼會訂購文具、沒有人像我一樣那麼會收拾、沒有人像我一樣會倒垃圾。真的很神奇，你比居住在地球上的八十多億人，或是在你身邊生活的幾十萬人，或是數以萬計的專業人士都厲害，能把這麼多各式各樣的任務處理得更好。你真的很厲害，對不對？

希望你看到上面句子覺得有點好笑，而且能了解我想表達什麼，不是只因為白紙黑字寫出來有多可笑，而是你可能發現這些好笑的論點在某方面和你的想法不謀而合。

我懂。我們喜歡掌控一切、喜歡完成任務、喜歡按照自己的方法做事（我基本上在第5章就要求你這麼做），而且我們真的非常擅長做某些事，甚至可能很多事。但是每一件事都做得完美？這可能嗎？**我越仔細想，越覺得完美主義其實是懶惰和不願承認的焦慮。**

請容我解釋。首先，我認為我們可以同意，把事情做到「完美」基本上是不可能的，因為「完美」很主觀。我認為的完美，其他人可能覺得很糟；別人認為完美的事物，我可能找到嚴重缺陷。完美是我們定義的標準，而我們的定義必然與其他人不同。

其次，**完美主義經常成為不做某件事、不追求使命的藉口**：「網站不可能如我希望的那樣完美，所以乾脆不要做」、「我的事業永遠不可能像我想像中那麼有規模，所以我不打算開始」、「這幅壁畫不可能捕捉到我想傳達的一切，何必費心去畫」。完美主義也可能成為什麼事都一手包辦的藉口，因為你懶得委派給別人、不想改變長年的習慣，或者不願與同事或合作夥伴商量，請他們多盡一點力或改進做法（你在抗拒我鼓勵你去做的難事！）

完美主義者維持現狀，因為你不是不做某件事，就是繼續獨力處理所有任務，而維持現狀就是懶惰。拉著完美主義的大旗，你就不用處理毫無根據的焦慮：「一定要很完美，消費者才會掏錢購買」、「沒有人能夠像我一樣把我的想法執行得這麼完美」、「如果我不去做，任務一定會出差錯」，你有沒有發現這些出於完美主義的焦慮如何限制你、讓你陷入困境並破壞你的使命？

你認為歐巴馬總統會告訴白宮主廚如何切馬鈴薯才不會浪費嗎？你認為莎拉・布蕾克莉[5]（Sara Blakely）會替 Spanx 總公司訂購迴紋針，所以才不會買太多嗎？你認為西蒙・拜爾斯[6]（Simone Biles）會花好幾小時上網，確保自己訂到最快的航班參加世界錦標賽？

這些事他們連想都不該想！

那我們為什麼要這樣做？為什麼我們相信自己可以想得更遠、領導得更好，同時緊緊抓住所有細節？我們為何自欺欺人，認為不用理會成功的規則（委派、運用個人優勢、專注於擅長的事物……所有前面章節一直在講的東西），我們真的是完美主義者，還是只是懶惰？我們真的是完

---

5 編按：莎拉・布蕾克莉是美國知名女性企業家，創辦內衣褲、緊身褲 Spanx 公司，曾被《時代》雜誌評選為世界上最有影響力的一百位名人。

6 編按：西蒙・拜爾斯是知名美國競技女子體操選手，曾多次獲得世界級比賽金牌，是美國二〇一五年度最佳女運動員。

美主義者，還是只是焦慮？

完成一件事勝於力求完美；勇敢嘗試勝於焦慮擔心。不完美的事業、稍微曲折的使命、半生不熟但全心全意的嘗試，好過於任何腦袋裡的空想。做出一番成績、著手打造、開始執行和改進、尋找更好的替代方式，然後再求完美。

你無法改進不存在的事物、不能分拆測試一個概念，也無法用試算表解決現實世界的問題。只有在真正做出一些成績之後，你才能蒐集可用的真實資訊。當然，把感覺沒那麼理想的東西放上檯面，或是起點沒那麼完美的使命感覺可能不太好，但是你知道更糟的是什麼嗎？到頭來悔不當初，心想如果當時不要隱藏在完美主義信條背後的話，自己不知道可以成為什麼樣的人、攀登到什麼樣的高度、取得什麼成就。

第二號心理障礙：老是想著自己應該做什麼

既然你已經開始戒除所謂的完美主義，我們要來宣導一下基本知識。因為身為領導人（領導別人和自己）、追求關心的事物和使命，必然會伴隨著不安，老是想著自己應該做些什麼：「我應該讓事業加速成長」、「我應該早就達成目標」、「我應該維持那個人的友誼」、「我應該去讀行銷主管都在討論的那本書」、「我應該……」

想了一堆「應該」做但是沒有做的事之後，你會發現自己開始洩氣、士氣低落，甚至是沮喪。你會為自己缺乏動力、精力、食慾和精神而自責，老是東想西想，也讓你分心、感到挫折。

其中的問題是，很多時候，這些「應該」不是來自於你，而是別人的方法、別人的模式、別人的期望和別人的規則。你吸收這些外在的想法，把自己搞得頭昏腦脹。

你認為自己應該提供更多元化的產品，因為其他公司都是這麼做，即使你的客戶只要三樣東西；你認為你應該以七位數的營業額為目標，因為「真正的」創業家都是這麼做，即使你不追求大富大貴；你告訴自己你和另一半應該每週出去約會，因為其他夫妻都這麼做，即使不用約會你們的婚姻生活也充實有趣。應該接著應該、期待接著期待，你漸漸遠離本質和對你來說重要的事物，你離使命越來越遠，忘記努力的初衷，也忘記成為領導人代表你可以按照自己的規則生活，不是別人的。

我不是鼓勵你完全不去想自己應該做些什麼（我們不是提倡極端法，有時至少可以消化和過濾他人的建議／最佳做事方法／想法），但是你我都知道，我們必須揚棄一些讓我們陷入困境的「應該」，而且通常都是小事，例如退出社交性質的ＬＩＮＥ群組就是讓我的生活輕鬆許多的決定，儘管我認為自己應該出於禮貌而留在裡面。做了這件小事之後，我減輕很大一部分精神和情感上的負擔；有時我們沒有意識到這些「小小的應該」如何影響我們並分散我們的注意力，直到真正擺脫之後。有時我們必須揚棄比較大的「應該」，即使只是短時間這麼做，例如我剛創業時，一方面要自行支應公司開銷，一方面又覺得自己應該存錢。但是在創業初期，存起來的每一分錢都可以投資於發展業務，讓公司成長，所以我暫時刻意拋開應該存錢的想法、擺脫未能履行個人財務規畫的壓力，直到情況發生變化，我可以重新採用這個「應該」。

無論你決定拋開什麼樣的「應該」，要記得，你的生活由你決定，真正當家做主的人不會為了無謂的「應該」感到羞愧。

第三號心理障礙：「我不配」

說到羞愧，就要來討論可能破壞使命的「我不配」的問題。

我在為公司創辦人或企業領導人提供建議時，時常在對話中聽到對方的心魔，他們會說：「我會更努力，但是我沒有數學頭腦。」或是：「我膽子不夠大，不敢跟別人推銷。」或者：「像我這種人只能到達一定的高度。」或是：「我不該這麼有錢。」每一次力求成長，或做對他們來說重要的事，懷疑和絕望的聲音就會在他們耳邊低語。

但是這些不斷對自己述說、讓我們保持渺小或「安全」的「事實」，不一定是自我保護、讓我們免於失望的原始反應（通常也不是客觀真實的陳述！），我們告訴自己我們「是」或「不是」什麼模樣，經常是我們從別人那裡得到的精神包袱。為了毫無負擔地履行使命，現在是交還包袱的時候了。

有時那些包袱是愛我們的人給我們的負擔（這就是為什麼他們不一定能加入行動團隊！）：

慈愛的父母告訴我們要降低期望、信任的老師要求我們設定「實際」的職業目標、最好的朋友覺得我們打算創業是瘋狂舉動；有時是混蛋把包袱丟在我們身上：逼迫我們順從的惡霸、摧毀我們信心的殘酷前任、說我們在做蠢事的阿姨。隨著年紀越來越大，包袱越來越重，我們又把自己的包袱丟在最上面，在不知不覺中，我們彎腰駝背，鼻子只離地面一英寸，同時內心深處，我們知道自己可以高飛。

無論你的「我做不到，因為……」的口號是什麼，你有沒有想過那些口號是從哪裡來的？來自於你？來自別人？

如果你不確定，就列出一張清單。坐下來寫下所有破壞你、限制你，讓你變得渺小的想法，運用科學的方法分析。這些想法來自於什麼人或什麼事？有沒有證據證明這不是真的？你過去有沒有反駁過這個「真相」？還是你只是挑選資訊來確認偏誤？

為了自己，你必須去思考你為何有這些想法，並且探索自己退縮不前的原因。如果你知道這些想法阻礙你完成使命，那就把自己當成國土安全局，用X光檢查你攜帶的包袱、掃描看看裡面有沒有違禁品或爆裂物，然後摧毀別人加諸在你身上的所有負擔。

第四號心理障礙：「我必須成為什麼樣的人」

第四號心理障礙是與「我不配」同系列的隨身行李。許多人一輩子都在接收「像我們這樣的人」不行做或做不到什麼的線索、訊號、評論和刻板印象，並且接受同樣阻礙我們成長的關於成功、財富與滿足的觀念，以及我們必須成為什麼樣的人才能獲得這些事物。如果不符合那些樣板，我們就不敢採取行動。

例如我們被成千上萬的訊息轟炸，告訴我們有錢人都缺德、邪惡，所以我們下意識地阻止自己追求物質財富，因為我們不想被視為（或成為！）邪惡的人；我們滿腦子都是頭髮旁分、西裝革履、對手下大喊大叫的白痴老闆，所以我們不追求領導職位，因為我們不想變成坐在角落辦公室的討厭鬼；或者大家都說某些行業的人行事作風都是如何，所以我們不去找真正喜歡的工作，因為害怕進入那些行業，自己會變成那種人。

但是猜猜看事實是什麼？金錢、領導職位、工作，都不會把你變成另一個人，它們只會放大你原本的模樣，或者讓你保持原樣。由你來決定。

如果你有點內向、喜歡吃達美樂披薩，在你成了大富豪之後，還是可以繼續保持內向、繼續吃達美樂披薩（不過你如果成為富豪，就可以買下世界各地的達美樂加盟店）；如果你善良、喜歡社交，在你成為ＣＥＯ之後，還是可以善良、喜歡社交（而且你的善良和喜歡社交的特質能夠觸及更多人）；如果你既時尚又有創意，在你成為會計師之後，還是可以既時尚又有創意（而且你因為做自己，又會散發出更多光芒！）。看到了嗎？這就是「特質領導法」的威力：無論你身在何處，都可以做自己，不是變成別人、不是冒牌貨，也不是你必須扮演的角色。就是你，複雜、獨特、完整的你。

所以不要因為自己不符合既有的錯誤觀念而裹足不前。請記得，你不需要符合那些觀念。

第五號心理障礙：告訴自己「一切都已太遲」

一直到今天，我仍然時常覺得自己在別人身後苦苦追趕、時間緊迫，所以對這個心理障礙特別有共鳴。

幾年前的一天，一陣恐慌突然向我襲來。我剛準備好一些零嘴：開心果、杏仁脆餅和bhakri（一種美味的印度薄餅，你吃了一定會上癮），正要吞下第一口時，不知為何，一連串的懷疑、焦慮和緊張的念頭幾乎讓我窒息。我心想，天哪，我永遠不會受邀到內克島（Necker Island）！我太晚創業了！（受邀到內克島和我創業的時間點究竟有什麼關連？我也是滿頭問號。不過不理性的想法本來就沒什麼道理）。

你問，我為什麼那麼在意內克島？也許是因為幾天前我收到不只一封、而是兩封來自不同企業創辦人的電子郵件，告訴我他們去內克島的事。我強迫自己記得如何以正確的順序咀嚼和吞嚥，卻越來越恐慌，因為我不知道怎麼樣才能獲得邀請，此時「我就爛電台」開始播放：「你以為你是誰？（嘟比嘟哇），你永遠不會去內克島，歐普拉（Oprah）也永遠不會想和你說話（休比嘟哇），你太遲了（所以放棄吧，滴嘟）……」

聽著這首歌、眼淚都快流出來的時候，我突然想起一句總是能把我從崩潰邊緣拉回來的話：「永遠不要因為需要多長時間達成而放棄夢想，反正無論如何，時間都會過去。」

無論如何，時間都會過去……

就這樣，我回過神來，「我就爛電台」停止播放。我記得我當時在想兩件事：（一）我根本不想去內克島，所以幹嘛這麼難過？（一定是我的「比較癌」又發作！），以及（二）不要再哭了，好好做對公司有助益的事。

親愛的朋友，無論你多早或多「晚」開始追求夢想、願望、使命、目標，時間都會過去，所以為何不開始、盡力去做。因為無論如何時間都會過去，如果能透過嘗試和失敗（代表你有努力），朝著夢想或目標邁出小小的，也許可怕的一步，不是更好嗎？當然，你可能需要一段時間才能到達你想到的地方，或是永遠也到不了。但是你知道嗎？無論你是坐在那裡哀歎自己太老或太遲，永遠無法完成夢想，還是勇敢走出去，朝著夢想前進，時間都會過去。

除此之外，即使最後你沒有到達「那裡」（無論「那裡」是哪裡），你至少有很棒的故事可以分享、有疤痕可以炫耀，因為你嘗試過。永遠保守謹慎的生活有多無聊（而且充滿遺憾！），何不勇敢跨出那一步，看看有什麼結果？

所有事情都有個開始，有時起點很「晚」，你不是第一個這麼做的人。拳擊大師安東尼．約書亞（Anthony Joshua）十八歲開始打拳擊，就這項運動而言，已是退休年齡；米斯蒂．科普蘭

（Misty Copeland）是美國芭蕾舞劇團（American Ballet Theatre）第一位黑人首席舞者，她第一次繫上鞋帶已經十三歲，在芭蕾舞界相當於老婆婆；阿利安娜．哈芬登（Ariana Huffington）五十四歲創立《哈芬登郵報》（*Huffington Post*），就一般人的標準來說也是很「晚」。如果這些鼓舞人心、勤奮努力、貢獻卓越的人當初心想：「我太老了，除了退休等死之外什麼也做不了。」這個世界會有多大損失。

我不是要你去創辦下一個《哈芬登郵報》或成為世界級的運動員或藝術表演者，我的意思是去做你想做的事。你可以創業、發送第一封（或第五十封）電子郵件推銷你的電影點子、開口要求、走上舞台，無論什麼都可以。為何不是你？為何不是我？為何不是每一個人？

無論如何時間都會過去，努力永遠不嫌晚。

執行任務：自我觀察與反省

這些你自己設立的阻礙很難擺脫，所以要先處理最能引發你共鳴的障礙，這麼做的時候，你可能發現其他阻止你前進的問題。這樣很好，你也許覺得痛苦、不自在，但是不知道問題出在哪裡，你就無法擺脫。所以請不要抗拒自我觀察與反省，這是最重要的任務，惟有如此，你才能察覺自我破壞的行為和阻礙個人成長的想法，並且在它們絆倒你之前將之剷除，但是你必須保持警覺，不要成為自己最大的

阻礙，那不是你該扮演的角色。

在重新調整心態方面，你已經取得進展，現在要來面對必然出現的外部破壞者。一定會有人想扯你後腿，一定會出現阻礙你的挑戰、一定會有讓你退縮的情況。遇到這些事，你唯一要做的就是**專注於你可以掌控的部分**。

聽起來很簡單？其實一點也不容易。因為誰不喜歡自怨自艾？誰不喜歡怪東怪西怪別人？誰不愛抱怨自己毫無勝算？舉手投降可能讓你鬆一口氣（只要想找藉口放棄，就一定找得到），但是你不能把時間浪費在抱怨和責怪別人，你有很重要的事要做、有山要攀登、有日子要過、有使命要完成。

所以停止沉溺於問題，專注於可以掌控的部分，這就是取捨：**你生氣的每一分鐘，都是你無法發揮創意的每一分鐘；你癱在那裡的每一個小時，都是你沒有尋找解決方案的每一個小時；你浪費精力沉浸於自憐的每一天，都是無法進步的一天。**

你一定會面臨挑戰、遇到障礙，有時挑戰、挫折、障礙會連番出現，我就有這種經驗。但是你可以選擇如何定義每一件事以及如何回應。

你當然可以生氣，但是它們不會因為你生氣而移動；你可以發火，但是它們也不會因為你發火而離開。花一點時間發洩和生氣、抒發一下情緒（我需要這麼做），但是要限制自己因為挫折、憤怒而無法正常運作的時間，然後繼續前進（我以前要給自己幾天時間抱怨和發洩，現在只需要幾分鐘）。

在白痴上司手下做事？酷。和同事下班後小酌幾杯、抱怨一下，然後專注於你可以掌控的部分，像是考慮換團隊或工作、努力讓心情不要受他影響、提醒自己工作是為了取得完成使命的資金，所以要繼續存錢，這樣有一天你就可以離職、和上司比氣長……，但是不要沉溺於問題！

事業遇到接連不斷的經濟風暴衝擊？太好了。在被窩裡待幾小時、哭一下（我做過這種事），然後擦掉鼻涕，專注於你能夠掌控的部分，像是列出所有挑戰、思考可能的解決方案、打電話給行動團隊、找同業聊聊、向會計師徵詢建議、做一些研究……，但是不要沉溺於問題！

已經忙得團團轉，變化球卻不斷出現（我都遇過）？很好。把自己關在廁所一下，然後專注於你可以掌控的部分，像是使用「微劑量活動法」、請另一半帶孩子出去玩幾小時、打電話給行動團隊、按照重要程度列出必須優先完成的任務，然後一一處理……，但是不要沉溺於問題！

最高機密提示：微劑量活動

請把「微劑量活動法」加入兵工廠清單，這個工具能夠保存你的理智和使命。

我是在初為人母的前半年設計出這套方法（當時我還在全職工作，家中的新生兒午覺睡二十分鐘還是兩小時，完全無法預測），這個方法主要是藉由短時間的專注取得小幅進展。

這個方法不容易納入規律，因為長時間深度專注有很多好處。但是在日常生活中，六十到九十分鐘完全不受打擾的時間不一定符合現實。身為新手父母，我對於自己無法抽出數小時工作感到挫折，反而忘了幾分鐘可以做完多少事。龐大重要的任務（或使命）感覺只能用龐大重要的時間完成，但是我們不一定有這樣的時間。

我們可以做到的是取得進展，本書有一部分是我在星期六早上，利用做煎餅和鬆餅的時候抽時間調整句子，或是在另一半開車載我們去侄女橄欖球賽的二十分鐘車程，重新組織書中的段落，或不時打開電腦記錄一個點子，然後就關上，唸床邊故事給女兒聽。沒錯，每一次重新開始都要花一些時間才能找回寫作的節奏，但是我運用看似微不足道的時間取得微小的進展，反正那些時間不用也是浪費。「微劑量活動法」就是如此強大，即使條件不佳、時間不理想，也能取得進展。

但是就像生活中許多事物一樣，「微劑量活動法」的重點不是在於知道，而是在於動手去做。因為「只花」五分鐘做一件事，一年就有一．二七天，意思是我們每天只要找出十五分鐘「扔掉」的時間，一年就有將近四天（四天絕對不「微小」！），這就是微劑量法加總起來的魔力。

所以與其對自己沒有的時間感到沮喪，不如運用確實擁有的時間完成一些事。

當然，並非所有任務都適合以分散的時間處理，我也不是指大部分時間都要這樣做事，這只是另一個可以納入兵工廠的工具，這樣一來，即使你只有幾分鐘的空閒時間，也能取得進展。

所以不要浪費時間，去打一通電話、寫一段文章、做一張投影片。如果可以，就安排一大段時間做事，不能的話就使用「微劑量活動法」。

你一定能找到放棄的理由，當然也可以選擇放棄。但是那是你的作風嗎？放棄是你的選項嗎？因為如果你不打算半途而廢，那麼你唯一能做的就是專注於可以掌控的事物，然後繼續前進，儘管沮喪、儘管有混蛋在扯你後腿、儘管能不能成功還很難說。就是這樣，沒有魔法，沒有神祕配方。只有堅持和毅力、專注於可以掌控的事物，然後繼續努力。

執行任務：遇到瓶頸時，不妨先休息

削弱外部威脅要靠「微劑量活動法」的努力和能量、大劑量的努力和能量，以及介於兩者間的一切，但是也不要一個人埋頭苦幹。持續做一件事太久、完全不休息，回報必然會遞減。大腦如果沒有好好休息就無法發揮最佳效能，我們的表現和找出解決方案的能力也會受影響，反而導致不如預期的後果（或更多問題）。

所以專注於能夠掌控的部分的時候，也要控制自己，凡事都不要太過度，如果發現自己面對一堵磚牆，不要用頭去撞，期待這麼做可以把牆壁打破。可以先休息一下，出去走走，或是做點運動、與行動團隊聊聊，先把問題擱置在一旁，稍後再回來處理。你雖然擁有無限的能力，但是創意無法強求、你也不能用念力召喚解決方案。操之過急反而可能功敗垂成。

至於那些想看到你失敗、扯你後腿的混蛋？成為他們那種人就是對他們的懲罰。你的生活和使命只關於你，和他們無關。

工具 8-2：四步驟重新定義失敗

請務必記得你的使命是關於你，和其他人無關，和那些阻礙或批評你的人、混蛋、競爭對手都沒有關係。這點很重要，因為追求使命的過程中你一定會遭遇挫敗。

在中情局工作，無論我們多堅強面對問題，無論我們多專注、多有幹勁、反應多敏捷，還是可能馬失前蹄。但是當「失敗」出現在面前，我們會用更強大、更有韌性的心態去面對並處理，並且從中學習，重新定義失敗。

有時候，無論你多堅強面對問題，無論你多專注、多有幹勁、反應多敏捷，還是可能馬失前蹄。但是當「失敗」出現在面前，你可以用更強大、更有韌性的心態去面對並處理，並且從中學習，重新定義失敗。方法如下：

第一步：評估影響

發生問題的實際影響是什麼？（不是八點檔連續劇那種天要塌下來了的評估，是客觀真實的那種）。如果新產品失敗，對公司的財務有多大影響？對投資人有什麼影響？對你的顧客有什麼影響？也許什麼都沒有，也許有一些。請定義對你的影響，盡可能具體並用數字來量化。

第二步：決定失敗的含義

還是不要太戲劇化，「失敗」代表什麼意義？如果你沒有通過特許金融分析師（CFA）考試，是否代表你做人失敗？還是只代表你要再考一次？

第三步：選擇如何處理

你可以採取哪些步驟來減輕「失敗」的影響？如果是新產品，可以取消剩餘的生產訂單嗎？如果是考試，你能再考一次嗎？

第四步：從中學習

正如英國前首相邱吉爾（Winston Churchill）的名言：「永遠不要浪費一場好危機。」我們要從失敗中學習。你可以如何改進？下一次改採什麼不同做法（發表產品前找焦點小組測試、花更多時間專心唸書等等）？

就是這樣：失敗、跌倒、站起來、學習、下次做得更好。

任何唸過商學院的人都會告訴你，所有夢幻般成功的背後都有失敗的故事。我們在做案例研究時，「A案例」描述公司如何發展順遂、不斷成長茁壯，直到與完美投資人神奇的相遇，使新創公司從地下室的辦公室搖身一變成為矽谷寵兒，創始人在過程中賺了好幾億元。

「B案例」則揭開為了流行文化而編織的帷幕，詳細描述每一個「優勢」如何只是天時地利人和、完美投資人是創辦人洽詢的第九百個人、「一夕致富」其實歷經了十二年與兩次失敗的婚姻，創辦人因為疏於照顧自己，工作忙到進醫院。

同樣的故事，都是真實的，只是焦點不同。所以我要說的是：選擇你的定義。你可以用A案例、B案例、C案例來解釋，或是其他任何方法。失敗可以只是一件事，也可以代表一切；成功可以只是一件事，也可以代表一切，或者你可以像英國作家及詩人魯德亞德・吉卜林（Rudyard Kipling）一樣，把勝利和災難視為虛妄的騙局，與個人的內在價值無關。

請將個人價值與結果分開。你當然可以追求成就，結果不是成功就是失敗，而且不是因為你做了什麼才「得到」那些結果，有時事情就是會發生，如同我父親曾經告訴我的：「**有時候無論你多努力，還是徒勞無功，其他時候無論你怎麼做，都會水到渠成。**」

所以選擇一件事的含義、重新定義結果，不要總是把失敗看成負面的事。請盡其所能、繼續前進。

工具 8-3：馴服 F.E.A.R.（看似真實的錯誤預期）

重新定義失敗的過程中，你會遇到它最好的朋友：恐懼。恐懼會試圖把你變得渺小、把你絆倒、讓你失眠；恐懼會讓你自我懷疑、裹足不前、作繭自縛、放棄自己和使命。

我還是新手媽媽時，帶著還在學走路的女兒從倫敦飛到紐約。那一點也不好玩，不過在流了幾滴眼淚（主要是我的）、內心尖叫（還是我）、暗自罵了很多髒話（絕對是我）以及七小時在機艙走道上徘徊之後，終於結束了。出發前我內心充滿恐懼，因為我從來沒有獨自帶女兒搭乘飛機的經驗，我們要一起待在密閉空間七小時、吃難吃的飛機餐，連大部分成年人都受不了，更別提精力充沛的學步兒。但是到頭來並沒有那麼糟，我們一起度過難關，沒有人崩潰，至少我們其中一人在飛機降落時還笑得出來。

那次飛行我（再次）學到的一門課（我似乎經常學到這一課），**是我在腦海中想像的恐懼**

和焦慮完全與現實不符。那種「恐懼」（F.E.A.R.）充其量只是「看似真實的錯誤預期」（False Expectations Appearing Real）（只因為家裡有幼兒，我就考慮減少飛到美國也很愚蠢）。這種情況時常出現在我們的生活和追求使命的過程中，我們把自己的腦袋打成死結，擔心根本不會發生的事，甚至浪費寶貴的頭腦和精神去預期模糊的災難，而不是演練災難（如同前面章節介紹的方法），或是察覺到看似真實的預期其實是錯誤的。

如果要計算我在主持活動、發表演講，或者只是打電話前焦慮地預期災難或負面結果的次數，可能必須用到非常高階的數學。我知道控制狂亂的恐懼有多難，但是隨著時間和經驗，每一次的結果比我擔憂的預期好之後，我漸漸能開始計畫成功、期待比較美好的結局，讓思緒更常漫遊到最好的情況。儘管內心害怕，還是能勇往直前。

大多數人都能熬過想像中最糟的情況，所以為什麼要浪費時間想像？如果恐懼只是看似真實的錯誤預期，為何要浪費向自己證明的機會？我知道這並不容易，但是絕對可以做到。

如果有時無法為自己推開恐懼，那就為別人這麼做，讓那些在看的人（一定有人在看）發現我們不需向恐懼屈服。生活中有很多「恐怖」的事（公開發表演說、檢視財務報表、推銷業務、推出新產品、建立新關係、學習新事物），在我們無法為自己勇敢的時候，可以為我們的觀眾、投資人、客戶、顧客、家人、員工、使命勇敢，對象是誰不重要，只要能勇敢面對就好。即使不是受益的對象，我們仍然能從中得到好處。我們可以證明自己有超出預期的能力，每個人在活出自我、追求夢想，以及掌控恐懼，不讓自己被恐懼掌控的時候，都能感受到那股力量。

關鍵資訊小整理

- 所有使命必然充滿挑戰，這就是人生，但是最大的挑戰是你自己設置的阻礙。
- 努力克服完美主義（那只是在掩蓋懶惰和焦慮！），不要老想著自己應該做這或做那、認為自己配不上，或必須成為另一種模樣。要記得沒有「太遲」或「太老」這件事。
- 遇到外部挑戰和障礙時，不要沉溺於問題。專注於你可以控制的部分，然後著手解決。
- 決定「失敗」（和「成功」）的含義。
- 請記住，F. E. A. R.往往只是看似真實的錯誤期望。如果不能為自己勇敢，那就為別人勇敢，總會有人以你為榜樣，無論你有沒有意識到。

第Ⅱ部分 回顧

哈囉，在短短幾個章節裡，你已經了解自己的特質領導風格，並開始驅趕各式各樣的內賊和外敵。這很不容易耶，但你堅持下來了。

你開啟困難的對話、勇敢發聲、很有魄力地處理壓力和擔憂，而且之後都會這麼做，因為你知道這只是起點，這份差事永遠不會停止（尤其是處理內心的恐懼），不過你也知道你可以選擇何時停止、何時繼續。問題的定義由你決定，你可以重新定義發生或未發生的一切，因為你的價值與成功或失敗那些虛妄的騙局無關。

超霸氣。

現在你已經能看得更遠、領導能力大幅提升，接下來要讓世界看到更棒、更好的你，讓你嶄露頭角。接下來的章節中，我會引導你更勇敢地做每一件事。離開中情局之後，我就是這樣訓練自己、白手起家。我會告訴你如何運用我們在前面章節中一起奠定的基礎，幫助你離開暗處、走進光明，把自己推到超乎想像的境界，讓更多人看到和聽到你的聲音。大家小心囉，勢如破竹的你快要出現了。

第Ⅲ部分

更膽大無畏

第9章

離開暗處，挺身而進

任務名稱：不要等待被發掘

十幾歲的時候，我不知從哪裡聽到超級名模凱特·摩絲（Kate Moss）是在機場被發掘。之後好幾年，我每次搭飛機都很緊張，心想會不會有星探把我從旅客中挑選出來，讓我在廣告招牌和雜誌上露臉。這種必須「被發掘」的想法深植內心，即使成年後，不再夢想成為模特兒，我仍然浪費好多年生命等待被選中、獲得認可、獲得提名、得到榮譽，我甚至浪費更多生命為了那些機會從沒出現而感到沮喪。

我真的好傻。

因為隨著時間過去、累積更多經驗之後，我發現世界並非如此運作。很多人會說，只要我們擅長某件事、擁有一技之長，或創造出值得分享的產品，世人就自然會發現、把注意力轉向我們。那些人告訴我們「只要你蓋好，他們就會來」之類的話。

完全是胡說八道。

很多時候，《富比士》（*Forbes*）排行榜上的人被列在上面，是因為他們去爭取；贏得獎項的公司是有參選的公司；受到關注的人是因為他們刻意引起關注。這些公司和個人不是「被發現」。他們是去爭取機會，不是依賴機會。

如果幾十年前我真的想成為超級名模，我應該去拍照、試鏡、讓更多人知道我有這樣的意願，然後不斷爭取嘗試，而不是消極抑鬱地等待。這適用於每一個人，因為我們即使優秀傑出，也不會有人主動追蹤我們的一舉一動、細數我們有多少驚人的成就、自動向我們傾注所有應得的事物，幾乎不可能。

光是這幾年，我透過無償指導和舉辦研討會，義務捐出八百多個小時給我的各個母校，有沒有人追著我要發給我獎牌？有沒有人提名我獲獎？兩者都沒有。但是如果有機會提名自己，我會不會這麼做？當然會。我是自吹自擂的臭屁仙？不是，因為我的確做了這些事。我義務捐出時間，這麼做不是為了獲得認可，但是如果有得到認可的機會，我絕不會錯過。

每個人都應該這麼做，如果你有付出，就去申請獎項；如果你符合晉升標準，就讓上司看到；如果你有獨特的經歷，要讓大家知道你的故事；如果你打造出產品，就要請消費者購買。默默無聞、為善不欲人知不是什麼清高的行為，鋒芒外露、聲名顯揚也沒什麼不高尚。你應該做的是走出去，讓別人看見。你不一定會受到認可，但是既然你知道你自己、你的專業和經歷有多美妙，努力爭取絕對好過等待他人發現。

在中情局，任務告捷時多半得保密，我們有明確且合理的理由這麼做，不過即使不能大肆宣傳自己的成就，我們還是會暗中慶祝。但是我親愛的讀者，既然你不是從事最高機密任務，就沒有理由隱藏（除了前面章節提到的，你已經將之拋開的內部障礙和外部包袱）。你沒必要為了維護國家安全而低調，所以請走到光亮處，因為你、你的故事、你的成就、你的使命都值得受到眾人關注，請讓大家知道你為世界帶來的貢獻。

如同之前的所有練習，我們要專注在你身上、讓你大放異彩，不是要強迫你變成另一個模樣，而是擴大你對於被看到和被聽到的程度，然後用自己的方法執行。我們必須面對現實，只要成為領袖、CEO、特定領域的專家，或是把工作做得很好，自然會受到關注，掌控生活代表確定人們看到的是真實的你。

只要提到嶄露頭角、發光發亮，或是以自己的故事為榮，很多人都有心理障礙（我們現在知道，這通常是別人加諸在我們身上的想法）。他們覺得自我宣傳會讓成就變得廉價、告訴別人自己做了什麼或多擅長做某件事是可恥的行為。但是，正如我之前評論那些我們盲目接受的觀點一樣：這完全是胡言亂語。引人注目並不等於自以為是或咄咄逼人，你可以決定自己要多光亮，別人被閃瞎還是頭暈目眩是他們的事，你只需專注於做自己。

我們會一起努力，讓你以自己的故事為榮、讓你發光發亮、建立個人檔案，並且微調你的形象，等到你開始大方承認自己的價值並與他人分享之後，你會發現自己接觸到更多認同你觀點的人，你可以幫助你從未意識到自己可以幫助的人，你會為做過的事受到認可或獲得拔擢，或是被挖角、稱讚、報導……或者單純感受到不再隱藏自身光芒的美好，也就是所有的好事！

所以請邁出試探的第一步，離開暗處，不要再等待別人發掘。

執行任務：不必張揚，也能讓他人認識你

有些認為自己重視隱私、內向、不想成為目光焦點的領導人和 CEO，可能不願意變得太醒目，不過問題是，領導人或是成功人士未必是外向、愛交際的類型。魅力超凡、自信優雅、講話快速、精力充沛的領導人是好萊塢向我們強行灌輸的形象，但是流行文化並非現實，無論是商界、政治圈、學術界、藝文界，所有專業領域都有內向安靜、深思熟慮、體貼細心的傑出領導人和推動變革的人。

領導人形形色色，所以如果你不喜歡引人注意，沒關係，這個章節主要是關於用你的方法讓別人看到和聽見。所以如果你的風格不是召集全體員工演講那一派，

無所謂，你可以和他們一對一聊天、時常在公司走動，了解公司情況；如果揮舞拳頭發表勵志演說不是你的強項，酷，你可以花時間撰寫電子郵件或拍攝分享想法的影片；如果開不完的會使你無法思考重要事物，我完全理解，但是你能不能請助理保護你思考的時間，讓你不用一直開會，或者請幕僚長在你躲起來思考時幫你掩護？你可以為自己做主。

不過現實也是殘酷的，身為領導人，代表你有時必須跨出舒適圈，例如不得不更常「拋頭露面」，不過只要運用我在本章分享的技巧，你就能按照自己的方式和條件去達成，又不會脫離你真實的樣貌。

閱讀接下來的內容時，你可以想一想，如何將這些技巧運用在以前因為不想引起注意而逃避的任務。如何讓自己比較能夠接受這些任務？如何調整為更適合你的做法？

你不能永遠避開公眾的視線，但是可以仔細思考怎麼做，是自己比較能接受的方式，因為你必須這麼做，而且你做得到，一定可以的，我們一起努力。

讓自己更醒目

每一位公司創辦人、領導人和個人，無論年齡、行業、性別、背景或自信程度，在我協助他們變得更醒目的過程中，都會百般抗拒，彷彿我要求他們赤身裸體走上大街、搖著啦啦隊彩球用擴音器大喊：「看我！」（我可以明白為什麼，讓更多人看見可能有點暴露狂的感覺，但是我們不是那樣，我們的做法是很優雅、很有格調的！）

如果你的使命或抱負牽涉到希望讓世界變得更美好、幫助別人、改善社區或只是改善自己的生活，讓更多人看到你的真實樣貌可以幫助你達到上述目標，甚至遠遠超越。

為什麼要讓人看到你的真實樣貌？

首先請思考一下，變得更醒目、建立聲譽、讓眾人知道你的成就對於達成目標和使命有什麼幫助。在下面圈出所有你認同的理由，也可以加入自己的想法。讓更多人看到之後，你可以：

- 倡導你關心的理念。
- 推動變革。
- 提升職業生涯。
- 受聘於你喜歡的公司。

- 吸引更多顧客和客戶。
- 分享想法。
- 專業知識獲得認可。
- 提升世人對重要問題的認知。
- 其他理由（請具體陳述！）。

答案沒有對或錯，所以請花點時間思考「如何透過被更多人看到和聽見幫助自己和別人」。我把自己推離舒適圈，一部分原因是我希望盡可能幫助更多人。還記得那些不停傳訊息給我、向我尋求建議或協助的公司創辦人和領導人嗎？我發現如果把資訊放上網路，我不但可以回應他們，還可以接觸到更多創辦人、領導人和個人。我討厭社群媒體的運作方式，但是更討厭無法幫助別人，所以我請出我的筆記型電腦、用了五年的智慧型手機和很棒的虛擬助理，開始創作和發表影片、部落格文章和想法。這樣一來，我就能觸及更多以前無法接觸到的人。

女性身分不該是關注的重點

另一個強迫自己更公開的原因（我個性外向，但是也非常重視隱私），是因為我想成為榜樣來鼓勵其他女性也這麼做。對我來說，讓更多人看到除了能帶來正面的影響，也是在挑戰社會加諸在女性身上、認為女性不該拋頭露面的迂腐觀念。所以我這麼做是出於個人理念，也希望改變社會。

女性的貢獻至今仍被史書遺忘，電影《關鍵少數》（*Hidden Figure*）的原型人物凱薩琳．強森（Katherine Johnson）在同名書籍和電影問世前，一直默默無名；女性的成就仍然附帶惡意的批註（「她有婦女保障名額」、「他們對她放寬標準」、「她是靠睡出來的」），也許最糟的是，我們女性確實取得成就之後，性別總是放在最前面，我們是「女性創辦人」、「女總裁」、「媽媽企業家」，從句法和實際狀況來看，女性的身分才是首要的，我們的成就只是次要。

我努力幫助別人變得更醒目，一部分原因是我希望大家習慣看到從前被邊緣化的成功人士和真正做事的人。這就是為什麼我們要盡可能發光發亮、慶祝自己的成就、得獎之後要告訴別人、為何要分享我們的文章或Podcast採訪，以及為什麼我們需要不停做這些事。我不是要你成天在那裡自我推銷（雖然我們應該允許自己稍微「自我推銷」一下），或者名不符實卻自吹自擂，而是要更自在地談論自己在做什麼很棒的事，因為我們值得寫入歷史。

我們充滿自信、名符其實地散發光芒，會讓其他女性，以及原本沉默或成就被忽視的人知道他們也可以做同樣的事。**這個世界迫切需要多元化的榜樣，其中一個榜樣就是你。**

以自己的故事為榮

所以要怎麼做到？如何分享、發亮、讓更多人看到？首先你必須明白自己擁有值得分享的東西，如果沒有人告訴過你，我現在就對你說：你擁有值得分享的東西。那個「東西」究竟為何也許顯而易見，也可能沒那麼明顯，所以你要深入挖掘、從生活中篩選、從書中第I部分獲得的見解和發現中淘金，讓寶藏浮上表面。坐下來思考你所知的一切及對自己或其他人有幫助的經驗：

- 你以什麼著稱？
- 別人總是向你徵詢哪方面的建議？
- 你的專業績效評估展現哪些特質和優勢？
- 你從朋友、合夥人、同事、上司那裡得到哪些正面的回饋？
- 你知道自己擅長什麼？
- 你具備什麼專業知識？
- 別人總是誇獎你哪些特質？

檢視自己各種「軟」技能和「硬」實力，列出清單。探索背景故事問題的四個答案（參閱第

26頁），並找出至少十項有形的技能（會計、撰寫廣告文案、公開演說等等）和十項無形的技能（協商、交朋友、戰略思考等等），如果很難湊到十個，就去問了解你、你也信任的人，請他們給你坦率的回饋，提醒你有哪些優勢和技能。我從商學院過渡到創業時就是這麼做：請一群在工作上和社交圈非常了解我的人填寫匿名調查表，我把從中獲得的見解拿來調整經營未來事業的方法、證實我自己認為的強項，有些則是與我自認的優勢正好相反！探索自己的長處、尋求坦率回饋時，我們會挖到黃金，也會挖到煤炭。要接受煤炭，然後擦亮黃金。

讓自己閃閃發光

開始發現自己擁有多少黃金之後，就要讓那些黃金閃閃發光。對你來說輕而易舉、你擅長的事物，別人認為是你的超能力的特質都彌足珍貴，因為一定有人希望自己也具備這些特質。所以請開始分享，你不受國家安全法約束，不要緊緊守住自己的才智！

你擁有大量知識，可以透過分享來造福別人的生活（或是你自己的生活），所以別再囤積居奇，決定你希望分享哪些技能或特質、對象為何，以及你的知識對他們來說為什麼重要，然後開始在那些人出沒的地方分享你的資訊。

如果你是為剛創業的人士提供建議，可以在ＩＧ分享籌募種子資金的最好方法，讓你的目標客戶，也就是公司創辦人利用午休時間瀏覽。

如果你是稅務顧問，專長是中小企業研發扣抵稅額，可以在領英（LinkedIn）分享重點提示，因為你知道目標客戶會在上面尋找專業服務供應商。

如果你是業餘的彩繪玻璃藝術家，可以在YouTube發表影片，分享如何製作彩繪玻璃，因為大多數人都會上YouTube尋找視覺化的操作建議。

有無窮無盡的可能和各式各樣的媒介，只要開始尋找、列出和認可自己擅長的所有事物，你就能以適合的方式分享出去、更接近自己的使命或人生目標。

把它當成一場實驗，不要有任何既定的假設。我以前不愛上鏡頭，卻發現自己喜歡拍攝YouTube影片，所以我不再逃避；我以前很怕聽到自己的聲音（我們錄下的聲音和自己聽到的聲音差好多，實在很奇怪），但是我喜歡主持Podcast和接受訪談，所以我克服那種感覺。

你的最終目標、使命、希望幫助的對象比你認為自己看起來或聽起來怎麼樣重要，也超越任何你擔心的事，所以請給自己一個機會，嘗試不同方法，例如寫作、寫部落格、拍影片日誌、錄Podcast、攝影、製作影片或任何方法，反正就是去放手嘗試，結果必然令你驚喜。

一旦把東西丟出去，就忘了它！不要一直去想，不要再三調整、過度分析眼睛每一次抽搐或標點符號或你認為自己搞砸的部分，把有價值的資訊上傳出去，然後就不要管它了。

工具9-1：宣傳自己的七大原則

你小心翼翼地探出腳趾（我知道完成所有訓練之後你還是覺得怪怪的，但是你可以的），嘗試適合自己的方法，以下七個步驟可以協助你跨出那一步：

一、**不要說教：**即使分享的內容很專業，也不必說教。要避免這個陷阱，你可以……

二、**講故事：**故事可以是關於你如何專精於一項技能、如何完成個人或專業目標、你從中學到什麼方法、創作時心中浮現哪些靈感、日常生活遇到的挫折以及如何克服、養兒育女的趣事、提供專業建議時的頓悟……，無論你決定分享什麼內容，最好的故事通常融合資訊、娛樂或啟示。

三、**用你自己的聲音：**你不必變成或聽起來像另一個人，這是關於你，以及你希望如何呈現，所以只因為大家都用某種特定方式在Pinterest分享行銷技巧，不代表你一定要那樣做。嘗試不同聲音、風格、語氣，找出最適合你的方法。

四、**從小事開始：**如果還不習慣引人注目（甚至在習慣之後），你可能感到不知所措，所以要從小事開始。設定每週發表一篇文章的目標，或者兩週一支影片，或一個月一集Podcast，或是任何稍微超出舒適圈的頻率，但是不要超出太多，反而導致你裹足不前。

五、放輕鬆：讓更多人看到有一個令人欣慰的悖論，就是大家都在看，但沒有人真的在看。有些人可能開始關注你、有些人引頸期盼你下一次曝光，但是很多人根本沒有發現你的存在。所以不用緊張，只要繼續發表有價值的資訊。

六、停止去想自己「應該」怎麼做：同業或和你具備相同才能的人也許每天在幾十個平台上發文，或是擁有設計精美的圖表、完美的文宣、精心製作的Podcast、專業編輯的影片、閃閃發亮的名片，但是不代表你也必須這樣做。你可以自訂規則，決定如何、在何處，以及多常出現，只要始終如一地分享有價值的東西，其他「像你一樣」的人在做什麼一點也不重要，只要善用時間和資源就好。

七、要持續地做：沒錯，你可以自訂規則，但是不代表你可以隨心所欲！你必須始終如一地出現，所以請訂出合適的時間表、媒介和格式，然後持續以相同的頻率出現在同樣地方，你可以調整，但是一開始要有規律。

執行任務：大聲公告你的現況

一旦決定為了達成目標、抱負或使命，希望更多人看到，你必須告訴大家你正在做什麼（你在寫關於昆蟲譜系的部落格、打算離開律師事務所去學做義式冰淇淋等等），告訴你最喜歡的咖啡店店員、你在火車上聊天的人、你以為知道你的一切

的朋友（他們不知道，而且有時他們根本沒有留意）、同事（前提是與你的正職工作沒有利益衝突）、孩子玩伴的父母、一起遛狗的同伴……，每一個人。

只要注意不要太唐突，即使你還沒開始執行，都要告訴別人你在做什麼。這會帶來兩個神奇的效果：

一、如果你遲遲沒有動手或正在拖延，告訴別人會給自己壓力，激勵你開始去做，因為其他人認為你已經在做這件事（第12章會進一步探討如何運用「有技巧的洩密」來要求自己負責）。

二、每一次相遇都是潛在的線索和資訊來源，所以不要讓自己錯過機緣巧合。有時和陌生人交談、請教，可能獲益良多；不經意的偶遇，讓事業一飛沖天；隨機碰撞出的靈感，帶來精彩的劇本。

告訴大家你在做什麼，讓奇蹟發生。

工具9-2：建立個人檔案

決定讓更多人看到你的使命或訊息之後，接下來就是了解建立個人或專業檔案的做法，其中包含很多層面，包括別人在網路上搜尋或在社交媒體關注你所看到的資訊、你工作時的形象、你發表演說或參加會議時的形象，還有人們對於你個人和專業的評價。其中大部分都可以掌控（毫無根據的八卦和酸民言論不算在內），所以要專注於這些部分。

首先是審查檔案既有的內容，如果有該整頓的地方就去整頓，接下來就進入真正有趣的部分：讓更多人看到和聽見。

在社群媒體上審視自己的檔案

很抱歉告訴你這個消息，不過別人真的會用谷歌搜尋你的資訊。無論是招聘人員、活動主辦單位、潛在客戶，還是孩子朋友的父母，因為人類的天性就是喜歡互相打量，這就是為什麼我們必須了解社群媒體的個人檔案如何描述我們。你可以掌控這些檔案，無論它們透露或不透露什麼都完全取決於你，不過一旦決定讓更多人看到，你就必須確保你最活躍的地方是目標受眾最常使用的平台，而且你在那裡建立了最完整、最能代表你的個人檔案。

假設你希望在Pinterest發表行銷祕訣，獲得關注，就要查看你的Pinterest個人檔案。裡面有沒有你的照片？有沒有幫客戶辦活動的照片？你分享哪些有用的資訊？是否定期和對行銷有興趣的受眾互動？有沒有鼓勵行動的短句（像是「追蹤我」、「閱讀我的PDF指南」等等）？觀眾是否清楚了解你的專長？

或者假設你想換工作，也知道你所在行業的獵人頭公司會定期搜尋LinkedIn，那就去審視自己的 LinkedIn 檔案。裡面有沒有專業的個人檔案照片（不是自拍照！）？有沒有定期發表你在行業中注意到的趨勢？你有沒有在平台上與同事互動？你的個人資料有沒有提及你的證照、獎項或證書？有沒有讓招聘人員清楚了解你擅長什麼、有哪些獨到之處？

無論你想調整哪些平台的個人檔案，請先問自己以下幾個問題：

- 你在上面說些什麼？
- 你的個人檔案如何描述你這個人？
- 如何強化個人檔案，以吸引目標群眾？
- 你有沒有定期與追蹤你的人互動？
- 你的訊息是否連貫？
- 你有沒有定期貼文？
- 你的訊息是否適合該平台？
- 你有沒有號召行動？
- 你是閃閃發光還是隱藏光芒？

用「紐約時報測驗」整頓個人檔案

了解個人檔案現狀之後，接下來就是著手改進（或重新打造）。你可以向信任的人尋求建議，如果行動團隊有能力的話，就請他們評估，但是不要假裝這件事不重要。

在中情局，我們會使用一種非正式的測試法，叫做「《紐約時報》（*New York Times*）測驗」：如果無法決定採用哪一個行動方案，就選擇假設自己因此登上《紐約時報》頭版，最不會覺得尷尬或是惹上麻煩的那一個。

至於你的話可以用谷歌測驗：如果有人用谷歌搜尋你，你會為了哪些搜尋結果感到尷尬或引以為榮？以此為指南，再來調整、改善各個社群媒體的檔案和其他公開資料。

外在形象

正如書中第I部分提到的，當面給人的感覺也很重要，而且是非常重要。見到你的人會根據你的衣著、儀容、姿勢、握手力道（又來了！）、眼神、聲音、用字遣詞以及是否沉著自信，形成對你的快速判斷。感歎以貌取人真膚淺對事情沒有幫助，因為人類就是會根據外在條件相互衡量，我們在很多方面還是尼安德塔人（Neanderthals），所以請接受這個事實，做自己該做的事。

接著就是控制你能控制的部分，除了自我審視，也可以請信任的人提供有建設性的回饋：你開口前給人什麼印象？開口後給人什麼印象？你一言不發時給人的感覺為何？你的個人和專業聲譽是什麼？人們是否覺得你可靠？認為你有誠信？覺得你是好人？還是不負責任、時常不置可否？請挖出所有祕辛，再去改善需要改善的部分。

你挖掘出的資訊會有一部分與你希望達成的目標有關，所以請以此為根據，過濾審視的結果，然後……

接下來就是處理必須改進的部分。如果是穿著打扮，可以請專業顧問或是朋友幫你大改造（先決條件是這位朋友的穿著打扮，對你所處的行業來說也很稱頭！）；如果是說話太輕聲細語，很多人因此不把你當一回事，那就去找聲音教練；如果是畏首畏尾、缺乏存在感，可以報名表演課程。

你不需要亂花錢，但是要做必要的投資。如果是投資時間和精力，可以上網尋找免費課程；如果是投資金錢、時間和精力，可以聘請專業人士。先盤點資源，然後投資你能夠負擔的資源（時間、金錢、精力）在幫助你達成目標的事物上（假設你希望擔任執行長，聘請造型師和聲音教練也許是善用資源，但是如果是成為網紅廚師，造型師也許比不上免費的食物教學影片）。請務必慎選，因為你投資的是自己，也是你的使命。

工具9-3：有技巧的洩密，快速提升知名度

請記得，你沒有在法庭上宣誓要保密，也沒有受制於國家安全法，所以在個人檔案和形象都

整頓好之後，就要進入好玩的部分，因為既有平台的粉絲持續成長雖然是好事，但是要快速提升知名度和影響力，你也需要運用他人的平台和粉絲。世界各國的政府出於戰略目標，會使用「有技巧的洩密」透露敏感訊息，你也可以借用這個方法，讓更多人認識你。

無論是為了你關心的理念，還是希望傳授技能或贏得獎項，只要越多人看到你的努力、讓越多人了解你的使命或訊息（藉由「有技巧地洩密」給更多人），你的影響力就越大。風聲放出去之後，可能需要一段時間才能開花結果，但是一定會有效果，有時是以意想不到的方式。等到成果出現時，你必須準備就緒。這就是為何整頓個人檔案和形象如此重要，因為目標對象（招聘人員、發掘專業人才者、活動主辦單位、記者等等）聽到風聲後，就會在網路上搜尋你或四處打聽，你希望他們看到和聽到的是你最得體的形象，不是模糊的自拍照或無關緊要的個人愛好，也不是永遠拖到最後一刻才解決問題或做事欠缺手腕、浮躁慌張的人，而是最好的你，是你在了解自己哪裡需要改善之後努力改善的你。無論你處於職業生涯的哪一階段，都應該這麼做；即使你已經到達「顛峰」，也不能就此停止。

有時「有技巧的洩密」會引發一連串耳語……這正是你所樂見的！人們開始談論你、推薦你、在網路上關注你、訂閱你的電子報並與你聯繫。你必須準備好關於自己的資訊，向這些新的對象「洩密」（是我的問題還是我一直講洩什麼的（leak），你們是不是也很想上廁所……？從現在開始，我們用「推銷」（pitch）來取代「洩密」好嗎？）

學習自在地推銷自己，你才能運用他人的人脈、觀眾、網絡和活動，讓更多人看到你的檔案。相關人士經由口耳相傳得知你的訊息之後，你必須持續努力、再三推銷自己。

如果你不確定自我推銷的管道與方法，就要像間諜一樣蒐集線索：

- **注意你的同行或競爭對手：**他們獲得什麼獎項？被哪些媒體介紹？請調查細節，如果你也符合資格，就要去爭取。
- **留意行業大會或活動：**哪些與你的使命、你的訊息相關？他們是否正在尋找講者或研討會主持人？花時間研究，然後毛遂自薦。你可以從小範圍開始，例如當地的聚會小組，然後慢慢走上更大的舞台。
- **研究行業內有聲望的雜誌／出版物／Podcast**，了解他們找什麼人撰文、編輯、主持，然後自告奮勇替他們寫文章或擔任來賓。同樣的，你可以從小範圍開始，像是當地的報社或廣播電台，然後慢慢地觸及更多讀者和觀眾。

就是這麼簡單：了解目前狀況、由什麼人負責，然後自告奮勇（而且要習慣被拒絕，這只是過程的一部分，不是表示老天爺說你很爛、最好躲起來不要見人），不要想得太複雜，只要跟隨線索，打造好個人檔案，然後行銷自己。所有人（以及編輯、與會者、Podcast主持人和幾乎所有你能想到的每一位聽眾）都厭倦聽到相同的聲音，所以請加入你的聲音。

你不一定每次都能得償所願，但是在聽到「好」之前不停被拒絕是交易的一部分，經過一次又一次的拒絕和接受，你會接觸到你想接觸的人、達成你想達成的目標。

請記住：默默無聞或匿名行事沒有比較高尚，不想默默無聞或匿名行事一點也不可恥，這個世界需要，也想要聽到新奇有趣的人提供新奇有趣的觀點，而那個人就是「你」。

所以不要再扭扭捏捏，開始把自己推銷出去吧！

執行任務：推銷自己等於貢獻己力

對大多數人來說，自我推銷並不符合天性，但是根據這些年來幫助無數人的經驗，包括我自己，我可以很有信心地說，引人注目和更自在地推銷自己是可以做到的，而且是按照自己的方式去做。儘管可能覺得有點彆扭，也可能吃閉門羹，你還是要堅持，因為如果想達成遠大的夢想／目標／使命，你就必須這麼做。

因此，當你發現自己漸漸退回暗處，要記得，如果世人不知道你的存在，你就無法運用你的產品、知識、見解、服務、幽默感、故事幫助任何人。

你可以用自己的方法幫助別人；這不是只和你個人有關。

自信，但不過度自滿

關於讓更多人看見，我想講最後一件事：有些人可能不知道如何拿捏增加知名度和過度追求名氣，但是你不是這種人（我當然知道，因為到處都有我的眼線），如果你擔心自己會走上那條路，可以借助行動團隊的力量來把持。

因為你是很棒的人、很有能力，你知道如何發聲，也擁有值得和世人分享的價值。我對很多事憤世嫉俗，對人類卻不會。我相信你是很棒的人，因為大多數人都是。

所以請分享自己的專長，進而改善自己或其他人的生活。你擁有值得貢獻的長才，所以請做對公眾有助益的事。全天下有數十億的人沒有發光發亮、被看到和被聽見的機會，甚至連想都不敢想。所以請為那些人善用自己的特權，讓自己發光發亮、成為別人的榜樣，也許有人迫切需要看到你站在舞台上，你要大方接受。

你可以用你的專長幫助世界，而且程度超乎你所能想像。

關鍵情報小整理

- 讓更多人看見能幫助你實現目標，我再重複一次，讓更多人看見能幫助你實現目標。

- 以自己的經歷為榮。你可以分享和貢獻的智慧可能超出你想像。請自我挖掘，發現你的「寶石」。
- 不要急著站出去、不分青紅皂白地大肆宣傳，而是先思考你想接觸哪些人、如何接觸、你希望分享什麼內容以及你分享的內容，會為那些人的生活帶來什麼價值。
- 審視並改善你的社群媒體檔案和個人形象；控制你能控制的部分，並且樂於接受有資格提供建議的人給你的回饋。
- 投入資源在需要改進的地方，同時要符合你的最終目標。
- 使用「有技巧的洩密」來推銷自己。請毛遂自薦，不要等待被發掘，你不是名模凱特・摩絲，也不受國家安全法約束！

第10章

開發個人的獨特技能

任務名稱：成為一直在尋找的榜樣

我第一次懷孕時非常焦慮，不是擔心為人父母、照顧嬰兒或是懷孕本身（我在這些方面都很幸運），而是為了我以為「自己一定會變成什麼樣的人」而焦慮。我害怕孩子出生後，人們會覺得我「只是」媽媽；我擔心突出的小腹會永遠消不下去，我的身材或肌肉永遠回不到從前的狀態；我非常擔心照顧小孩會阻礙我的職業生涯和雄心壯志。各種關於為人父母代表什麼以及別人如何看待我的想法，反反覆覆在腦海裡盤旋，纏繞不去。

我不喜歡被別人那樣看待。

因為即使和嬰兒形影不離，我還是希望被視為獨立的個體；即使懷孕和哺乳會使得我的身材圓潤，我依然希望身材健美；即使每天追著一個小人跑、隨時都覺得疲憊，我仍舊希望不厭倦地追逐夢想。

但是這似乎不可能做到，我討厭不可能。

所以我開始拼命挖掘，我用谷歌搜尋生孩子後沒有放棄自己或夢想的女性；我尋找懷孕期間仍然參與職業競賽的運動員；我從朋友中挑選出有好幾個小孩，但是事業依然表現亮眼的媽媽；我搜尋了所有我能找到的證據，證明我的焦慮其實毫無根據、證明世界上有我可以接受的其他「模樣」。

猜猜看結果如何？我找到我想找的。一個接一個的案例、真實生活中真實女性的故事（有些我認識、有些不認識），她們沒有讓為人父母取代自己的身分，而是保有原本的模樣、關心自己和自己的遠大目標、與另一半感情深厚，同時養育出很棒的孩子。

但是我必須向自己證明。我知道別人辦得到，現在要看自己能做到什麼程度。所以我選擇花很多心力照顧孩子，也花很多心力照顧我的事業；我選擇看著寶寶踏出小小穩穩的第一步，也選擇踏出自己小小穩穩的步伐，恢復健美的身材；我為可愛的女兒騰出時間，也為可愛的自己騰出時間；我和寶寶創造一對一的回憶，也和另一半創造一對一的回憶。

我沒有放棄自己、沒有屈服於不可能。我成為我希望成為的人：愛孩子也愛自己、珍惜她創造的新生命也珍惜個人生活，同時成為我一直在尋找的榜樣。我透過取捨、透過尋求協助，才能做出這些選擇。

因為我們的生活中，一定會遇到想尋找典範，卻找不到符合所有條件的人。你不停搜尋，世界只丟給你麵包屑般的線索；當你往外尋找，卻找不到答案，你只能朝內探索。你必須做選擇、自己繪製地圖。

成為榜樣不代表孤軍奮戰，而是要尋求支援。請求幫助和仰賴別人不會讓你顯得軟弱，而是更真實。

缺乏榜樣沒有阻止羅傑・班尼・斯特（Roger Bannister）成為第一位在四分鐘內跑完一英里的人，他選擇不去想「不可能」，並且靠著另外兩名跑者領跑，成為他人的榜樣。如果沒有那兩名領跑員，他不可能成為第一；缺乏榜樣也沒有阻止沃克夫人（Madam C. J. Walker）成為美國第一位白手起家的女性（也是第一位黑人女性）百萬富翁，她選擇不去想「不可能」與龐大的種族和社會壓力，並且依靠二萬五千名銷售代理大軍，使她的業務蓬勃發展，成為他人的榜樣，沒有那些銷售員，她不可能成為第一。他們兩人都是踏上未知的旅程、取得非凡成就，不過絕對不是靠著單打獨鬥。

所以如果前方是未知、不確定的路徑，沒有人在前方示範，你無法「有樣學樣」的時候，要記得，有時你必須成為他人的榜樣。我們都擁有這股力量，若想達到無畏無懼的境界，就必須了解並釋放這種力量。這麼做是為了他人，不過首先是為了自己。

我常說任職中央情報局讓我大開眼界，其中一個因素就是能夠與「成為那樣的人，好讓其他人看到」的典範共事，同時內化許多同事信奉的「無論如何，反正就是放手去做」的精神。有一位上司建議我：「最好是乞求原諒，不是請求許可。」這句話的潛台詞是，只要沒有破壞規則，就放手去做。

不過在加入中央情報局前，我就很熟悉「成為那樣的人，好讓其他人看到」以及「無論如何，反正就是放手去做」的態度，因為兩者都是我們家族非常重視的原則。母親經常告訴我，身為女性和有色人種，我必須比白人或男性同輩加倍努力，但是這從來不是不前進或放棄的藉口。潛台詞是：你要了解自己在對抗什麼，但是不要讓別人的胡言亂語阻止你前進（這名女性在將近六十歲時，沒錯，六十歲！決定離開與別人合開的診所，自己成立私人診所。她就是這麼無所畏懼。）

所以我決定創業的時候，無法動搖的堅持和相信每個人都能創造一番天地的想法已經深植內心，但是我還不確定自己是否具備創業的能力，所以我重新編排這些教誨，使用我從經驗中獲得的鐵砧，用來鍛造新工具、培養個人能力，為實現個人使命設計出獨有的技巧和方法。

你也可以做到。在接下來的內容中，我會解釋如何培養你的個人能力，也就是追求使命的技巧和方法，我之前就是運用這套方法，後來也協助其他人這麼做。我會告訴你如何重寫規則、運用所有配備，並為你的使命打造必要的工具。

工具10-1：重寫「制式規定」

告訴你一件很諷刺的事，我是非常循規蹈矩的人。我喜歡井然有序，即使玩樂的時候也非常小心（我姐姐很喜歡講的故事是我十八歲時，她在家中舉行派對，我喝了太多酒，卻還知道要把塑膠袋套在耳朵上，才不會吐在她房間的地板！），但是我也認為許多規則（以及它們刻薄的親戚：社會習俗）很愚蠢。我在機場，如果沒有人排隊，就會從繩索下面鑽過去（我的英國丈夫非常驚恐！）、我用左手吃飯（我的祖母非常驚恐！）、我和男性坐在一起、我要求別人破例，或者為自己破例。

我不是信奉無政府主義或提倡這種觀念，但是我有大腦，我喜歡用它來質疑既有的模式，看看有沒有更好的做事方法。你也可以這麼做。事實上，我非常推薦你這麼做。我們到目前為止已經一起拆解那麼多假設、質疑消息來源和分析情報，現在要更上一層，看看你如何彎曲、延伸或改寫那些導致你遠離最棒、最精彩、最勇敢的自己的社會習俗。

第一原理：盡量追根究柢

我的父親是外科醫生，不過個性更像工程師，他一直鼓勵我們無論做任何事都要探究並真正了解事情的原理、根本、基礎，這樣才能基於這些知識做出明智的決定，從財務管理到建造房屋都是。「第一原理」（first principles）的訓練十分珍貴，因為它為我奠定調查和詢問「為什麼」的基礎。無論遇到什麼事，我都會設法找出事情背後的原因，然後真正去理解它。

此外，我也很幸運，因為我有一個每天都會提醒我「第一原理」的女兒（如果你家裡有小小孩，一定感同身受），因為無論在任何時刻、遇到任何情況，她從來不會忘了問：「為什麼？」而且是一直問，問到她滿意、真正明白為止。

「為什麼我一定要上床睡覺？」

「因為現在是睡覺時間。」

「為什麼現在是睡覺時間？」

「因為到了晚上，我們要去睡覺，大腦和身體才能休息。」

「我們為什麼要休息？」

「因為我們每天學習和做事都要用到能量，所以我們要休息，能量才能恢復。」

「我們為什麼要學習？」

「因為生活就是要學習和做事。」

「為什麼？」

「不然我們會很無聊。」

「為什麼？」

就這樣不停持續，無論要花多久時間，她都會一直問，直到她滿意、真正明白為止。這套深入探討事情本質，提出「為什麼」的方法，對所有人都適用，無論是生活或工作、無論遇到任何事，透過質疑「為什麼」，我們才能找到合乎邏輯的結論，甚至帶來新的領悟。

幾年前，我被自己的ＩＧ帳號弄得好煩（我就是不會用！），心想：「搞什麼鬼，我為什麼在做這件事？」然後開始玩起自問自答的遊戲：「因為負責我社群媒體的人表現太差，我中止了她的合約。」「為什麼？」「因為我盲目信任對方，結果不如預期。」「為什麼？」「因為我太開心不用管社群媒體，沒有去查核她的資格，也忘記委派不等於卸責。」「為什麼？」「因為你可以信任別人，但是要查證你的信任是否符實……」

從與自己的對話中，我回想到關於管理、究責和負責的教訓，也想起只因為一個人讓我失望，不代表所有人都會這樣。所以我拜託優秀的虛擬助理幫我管理社群媒體，後來也找到另一間社群媒體公司協助。那次的頓悟與轉變（重新委派一件不是只有我能做的任務，而且沒有放棄尋求協助），就是因為我追根究柢地問為什麼，如果我只是卡在──「搞什麼鬼……？」這種問題，後續的一切就不會發生。

每一次遇到挫折、每一次問自己：「為什麼會這樣？」或「為什麼不是這樣？」的時候，都是發現答案、追本溯源的機會。如此一來，你就能按照根本原理行事，所以不要只停留在不是真心想尋求答案的問題。

你今年的業務需要成長嗎？為什麼？你需要雇用更多員工嗎？為什麼？你必須在臉書（Facebook）發文才能爭取到客戶嗎？為什麼？你必須考慮不同投資策略嗎？為什麼？你必須轉換職業跑道嗎？為什麼？你認為自己無法實現夢想嗎？為什麼？

挑戰第一原理

有沒有更好的辦法？……然後，一旦挖掘出事情的真相、找到第一原理，你就可以決定該怎麼做。如果一切都很合理，那就太好了，如果有必要你就改變做法；如果原理沒那麼合理，那也很棒，你可以挑戰和質疑。

例如我在長女出生後，仍然全職經營事業。我記得那時很擔心（如同之前提到的）自己無法兼顧事業和家庭。我以為我必須將工作與母職分開，但是這不可能做到，我只有一個人，同時有兩個責任。所以我開始思考「第一原理」，發現認為自己必須把工作與母職分開是出於愚蠢的社會觀念，告訴我們要把「工作」和「生活」分開，但是我不認為這是合理的，所以我開始挑戰這個觀念。

我帶著襁褓中的女兒參加投資人會議，沒有徵詢或道歉；我一邊餵奶一邊與合夥人通電話，沒有詢問或道歉；我帶著女兒一起去演講，沒有徵詢或道歉；我的丈夫帶女兒參加我主持的活動，沒有徵詢或道歉。我挑戰「第一原理」，改寫必須分開生活不同部分的潛規則。

我也為其他不知道自己可以這麼做的人改寫規則。在我舉辦的商務活動中，我站在最前面告訴所有父母（不僅是女性），歡迎他們帶孩子前來。他們沒有必要在為人父母和專業人士之間做選擇。分開「工作與生活」完全是一派胡言，因為工作就是生活的一部分，要生活就必須工作。參加活動的賓客並非每次都帶孩子出席，但是他們如果想要或需要的話就可以這麼做。

我們一起重寫這條根本原則有誤的規則。

另一個例子是，很多人要求女性把懷孕當成疾病一樣對待，因為我們處於「脆弱」的狀態，所以應該抬起腳、一人吃兩人補、盡可能減少移動。這對於強大到能夠創造生命的身體是多麼愚蠢、幼稚的對待方式。我們可是在創造生命欸。

所以我決定挑戰「規矩」。追根究柢之後，我發現原理並不紮實。幾千年前的女性在懷孕期間仍然積極參與狩獵和採集活動，我們家族的女性也持續務農並在家中分娩，而且完全沒有現代醫學的協助。一旦懷孕就要久坐不動的原則並不適用於所有女性，也絕對不適用於我，因為我很健康，也沒有其他需要考量的問題。

所以我持續運動、保持活躍，從未停止工作。長女出生前三天，我還在健身房做適合我的運動；次女出生前兩週，我還在做伏地挺身。我改寫不適用於我的規則，而且是基於大男人主義、男強女弱觀念而產生的規則。我這麼做，也替其他人重寫規則，在健身房時，很多女性告訴我，她們看到我大腹便便依然持續健身，大受鼓勵，她們也在徵詢醫生和教練的建議之後，持續維持著運動習慣。

所以凡事都不要視為理所當然，只要是讓你覺得渺小、挫折，或與你的想法矛盾的觀念都可以質疑。請盡情發問，透過問題引導你找出第一原理，然後挑戰／改變／忽略應該挑戰／改變／忽略的現狀。

除非有人率先嘗試，不然很多事情都是「不可能的」。把「不可能」改寫為「可能」的人也許就是你。

工具10-2：盤點個人兵工廠

你也要充分運用自己的技能、天性、特質和所有伴隨而來的優勢，以及在人生旅途中拾起的所有情報來源，才能把「不可能」改寫為「可能」、培養個人能力。不要小看自己的專長，甚至棄之不顧，而是要深入調查，列出所有可能用得上的工具，你才能進一步整理並且充分利用它。

派駐在戰區時，為了向傑出的英超球隊兵工廠（Arsenal）和其總教練阿爾塞納・溫格（Arsène Wenger）致敬，我的無線電呼號是「兵工廠」。我天真地以為只要任何人聽到我使用這個呼號，都會開始和我聊起最喜歡的球員：如果你好奇的話，我最愛的球員是丹尼斯・伯格坎普（Dennis Bergkamp）。遺憾的是，戰地沒有太多槍手（Gooners，兵工廠球迷的暱稱），唯一一次有人提及，是一名保全問我選擇這個呼號，是不是因為（還咂了一下嘴）我有「完整的配備」。

現在，撇開噁心的搭訕用語不談，使用「完整的配備」其實是寶貴的人生課程，但是很多人都將之遺忘，很少人用紙筆詳細列出自己的資產，然後仔細盤點檢查。我們覺得自己的資產沒什麼好稀奇，沒有好好欣賞自己的優勢。但是你再也不會這樣！你會開始分析、重寫規則、培養技巧、走向顛峰，而且你需要發揮所有長才，所以現在要來檢視你個人兵工廠的所有「武器」，包括你的：

- 智力武器：你會做什麼、你學到什麼、你的心態。
- 社交武器：你認識哪些人、你的地位、你的名聲、你的影響力。
- 家庭武器：你與家人的關係、情感支持、實際的支持。
- 財務武器：你目前擁有的資產、持有的物品，以及固定的進帳。

- 人際武器：你的人脈和延伸的人際關係。
- 身體武器：你的體力和外表。
- 聲譽武器：別人對你的評價、你的人生故事。

每一種武器的威力都不一樣，那正是有趣的原因，因為你必須運用創意，巧妙地結合不同武器，才能發揮最大效用。你可以強化既有的武器，也可以打造新工具、彌補缺口。

但是首先你必須盤點現有的兵力。

所以請坐下來，好好思考，列出所有資產，任何能夠幫助你實現目標、成為你想成為的人、做你想做的事、擁有你想擁有事物的資產。標記有沒有哪些「武器」因為過度使用而磨損、哪些因為疏忽而蒙塵，然後不時交替使用。

我們無法不擇手段地取得不該得到的東西，但是絕對應該善用自己擁有的工具來獲得應得的事物、實現我們有能力實現的目標。

有實力的人最終不一定勝出，「花若盛開，蝴蝶自來」只是神話，無論你在哪裡生活或工作都是一樣，沒有人一直注視你、等著在你「應得」的時候獎勵你（如果你至今仍然這麼認為，請重新閱讀第9章），所以：

如果你有人脈、可以把你的履歷拿給對的人看，那你就必須要運用這些人脈，讓那些人看到你的履歷。

如果你有家人的支持，可以幫助你創業，那就要運用這樣的後盾。

如果你有燦爛的笑容，可以讓你獲得更好的客戶服務，那就把燦笑的瓦數調高。

如果你有獨特的人生經歷，可以讓你贏得選票，那就確保每個人都知道你的故事。

運用你擁有的所有禮物，不要自我貶低。

頂尖運動員不會阻礙自己的職業生涯，淡化個人其他資產，例如魅力或外貌，你也不應該如此做。

中情局探員不會自我限制，拋開說服技巧或自衛能力，你也不該如此。

CEO不會保留自己談生意的能力或人際魅力，你也不該如此。

使用你擁有的一切、運用全部的武器，因為工具和天賦沒有道德高低之別，它們只是工具；它們也和所有工具一樣，可以用來行善或使壞。所以要以誠信為本，好好運用自己的工具。

善用所有情報來源

要培養個人能力，也必須運用所有情報來源：你從家庭、文化、傳統、愛好、書籍、Podcast、歷史、科學、藝術、格言中得到的智慧、經驗和教訓，也就是從出生以來遇到並沉浸其中的知識。請記得、吸收、轉換為適合自己的方法，用來達成使命，然後持續添加，只要有人提到有趣的事就要留意、到圖書館瀏覽不同類型的書籍、聽YouTube講座、看TED演講、眼睛和耳朵隨時打開、把想法寫下，像喜鵲一樣四處蒐集素材，然後坐下來思考如何用這些情報幫助自己實現目標。

童年時，父親的診所永遠有做不完的行政事務，所以他會找我幫忙。我的任務是把信折好、放入信封、貼上郵票，並且確保信中的地址與信封一致。這項工作雖然無聊，但是我學到很重要的一課，也就是效率。爸爸教我如何有計畫地把所有物品排列在廚房桌子上，以特定的順序，一次處理一小批，將生產線上浪費的動作減到最低、把分批處理的效益提升到極致，同時微幅調整，不用拿一整批來實驗。

現在，只要是處理瑣碎、重複的工作或行政事務，我都用父親的方法來計畫、設置、把浪費的動作減到最低，然後分批處理。童年時所有無聊和翻白眼的時光，讓我長大後經營公司省下好多時間和資源。當時誰想得到有這些好處呢？

最近，我的表姐幫我做晚餐時，順口說了一句：「mise en place。」我從沒聽過這句話，所以請她解釋，她說那是法文「各就各位」的意思，基本上是指在真正開始烹調前切好所有食材並擺好所有用具，這樣就不用浪費時間尋找任何東西，或是太晚才發現少了某樣食材，烹飪過程因此流暢順利。雖然我不煮飯，但是我思考如何把這個有趣的「開始之前準備就緒」的原則運用在商務環境。我做到了。現在只要有商業專案，我都會運用「各就各位」原則：先找必要的支援團隊、列出每一項任務、確保每一項任務都有人負責，並且大致列出每個人必須把食材丟入煎鍋的順序。一切準備就緒後，我們才開始「烹飪」，商業專案的啟動和執行過程就像表姐烹飪一樣流暢順利。

這就是我所說的運用所有情報來源來培養自己的能力。每個人的生活中都充滿有用的資訊，但是你必須留意、適度調整，然後實際運用。所有情報來源不一定適用於所有情況，但是一定可以運用在某種狀況，例如我不會把我對天體物理學的愛好融入例行運動，卻會把閱讀美國天文學家奈爾・德葛拉斯・泰森（Neil deGrasse Tyson）的驚喜帶入每一天的感恩練習。每個人的生活都會接觸到許多情報，所以要花時間留意，讓它們幫助你成為超乎想像的更棒、更美好、更勇敢的自己。

如果不存在，就自己創造

若想為了提升生活、領導方式培養自己的能力，你必須習慣很多情報來源要靠自己，意思是有時必須成為自己的榜樣或者自己打造必要的工具。

任職中央情報局時，我為了達成任務，努力與合作夥伴建立關係；唸商學院時，我為了滿足自己飢餓的右腦舉辦談話沙龍；創業之後，我為了服務他人，替女性創業者成立社群。每一次發現少了什麼，我就去填補空白。你當然也可以這麼做。

到目前為止，透過我們一起完成的練習，你重新發現自己的力量、技能、資產、武器，也許你已經聽煩了我告訴你有多棒。很好，因為我希望你對自己的傑出不凡已經習以為常、認同，而且不再忽視。

無論追求什麼目標，都要運用你所有的武器去改寫、打造、做你該做的事。因為你有能力做到。

關鍵資訊小整理

- 改寫阻礙你前進的陳規陋習，只因為某件事「約定俗成」，不代表它有充分的理由！
- 盡情探索事情背後的原因，找出第一原理；一旦明白最根本的「為什麼」，就能判斷原理是否需要修正。如果需要的話，就去尋找更好的做事方法。
- 充分利用你的軍火庫：所有你能得到的智力、社交、家庭、財務、人際、身體和聲譽「武器」，這些工具在本質上沒有道德高低之別，端看你如何運用。
- 你的軍火庫也包括了你從出生以來沉浸並擁有的所有情報來源，請從中學習、善加運用。

- 運用你所有的知識和資產，來發展對個人與使命最有幫助的獨特能力。
- 你可以為了自己，成為把「不可能」變成「可能」的人，請盡全力做到。

換你試試看，打造你個人的兵工廠

智力武器：你會做什麼、你學到什麼、你的心態。	
社交武器：你認識哪些人、你的地位、你的名聲、你的影響力。	
家庭武器：你與家人的關係、情感支持、實際的支持。	
財務武器：你目前擁有的資產、持有的物品，以及固定的進帳。	

人際武器：你的人脈和延伸的人際關係。	
身體武器：你的體力和外表。	
聲譽武器：別人對你的評價、你的人生故事。	

第11章 有計畫的無知

任務名稱：專注工作，而非雜訊

在戰區工作時，我的主要職責是向美軍總指揮官與外國軍事單位匯報，中情局對於戰事的最新分析。我的職務很獨特，因為我是平民，不隸屬任何軍事單位，所以雖然是向將軍報告重要資訊，我的前途和他開不開心完全無關。不過我的角色還是很尷尬，每天要如實向最高將領呈報資訊。我選擇不要自己嚇自己、讓情況變得更尷尬，我沒有專注於他有多「重要」（畢竟對方是四星上將），相較於我有多「渺小」（我當時二十六歲，可以說是初出茅廬），把關於地位和階級的雜訊拋在腦後。

在戰區那樣的環境下，要自己不去在意階級和坐在會議室的那些大人物是誰真的很不容易，但是這麼做對我的工作並沒有幫助。所以我刻意選擇接收和忽略哪些訊息。我保留相關資訊（情報分析以及為何要向將軍呈報），排除不相關的資訊（對方有多「重要」）。這樣一來，我才能沉著應對。

面對將軍詢問，我不會手足無措，那只是一個人提出的一個問題；遇到將軍不同意我的觀點（我們的分析不只一次與軍方的情報分歧；聽到他說：「我的指揮官不是這樣告訴我的。」即使鋼鐵般的意志都不免動搖）我沒有羞愧地爬到桌下，那只是一個人的意見（我的職責就是用事實和證據反駁分歧的意見）；我沒有擔心開會時是否有人面面相覷，那些人只是在互看，如果他們選擇不表達想法，我不會為此而苦惱。

我專注於工作，而不是雜訊。

我沒有莽撞冒失，而是態度恭敬，得到四顆星星的將軍絕對值得尊敬。我稱他為「先生」或「將軍」，我尊重他的地位，但是我沒有因此讓自己變得無足輕重。我肩負重要任務，雖然我們的階級不相等，但是我們絕對是在戰場上並肩作戰。

我們必須記住：每個人都是平等的。也許並非所有人都擁有相同的天賦、同樣幸運、一樣聰明，但是我們同樣是人類。我們可以選擇專注於我們與對方的平等之處，認真生活和工作，也可以拘泥於我們與對方的不同，把自己鎖在卑躬屈膝的位置。

所以請記得，下一次如果不確定自己是否有資格出現在會議室，不用懷疑，你也許經過一番努力才爭取到，也可能是受到邀請，但是只要你出現在那裡，就要表現得理所當然，專注於做好自己該做的事，因為你絕對有資格。

我是在戰區培養出「有計畫的無知」這套做法，不過從那時起，這個方法對於我處理任何任務都很有幫助，無論是公事還是私事。有計畫的無知之所以管用，主要在於「有計畫」的部分。我不可能建議你把頭埋在沙子裡（那不是負責的人該有的作風），但是我大力倡導有計畫的選擇要接收哪些資訊。

我曾經是每天解析大量數據的分析師，當然對研究充滿敬意，但是身為公司執行長，加上與數百位領導人和創業家合作之後，我也看到數據的「陰暗面」，發現太多資訊如何阻礙成長、進步、創造力和直覺，這就是我們為什麼必須思考自己應該對哪些資訊保持無知、刻意選擇忽視哪些資訊，才能找回信心和創意，擺脫內心的枷鎖。並非所有資訊都值得擁有，一定程度的「有計畫的無知」可以讓我們掙脫先例的桎梏，才不會在想法和使命萌芽前就將之扼殺。

接下來的頁面中，我們將研究如何「不充分」準備、在少量資訊中茁壯成長，並使用推諉不知情（也就是不問你不想知道答案的問題），來實現你想達成的目標。你可以想像成這是「有計畫的無知」基礎訓練。

把力氣用在關鍵之處

幾年前，一位朋友隨口建議我製作Podcast節目。我和他認識，就是因為我接受他的Podcast採訪，他認為我會是很好的主持人，所以我決定一試。我選擇關注女性創辦人的故事（讓更多人有機會走出暗處），並透過不同人脈找到足夠錄製第一季節目的採訪對象。

當時，我大可以研究其他主持人如何採訪、列出最佳策略和風格，並且浪費時間「事先準備」，收聽所有關於或是為了女性創業人士製作的Podcast，確保我的節目與眾不同、針對小眾市場，但是我沒有那樣做，因為那不是我該做的事，我該做的是主持我的Podcast，不是其他人的。所以我有計畫的忽略所有表面上是研究、暗地裡是與別人比較的雜訊，刻意選擇以自己的風格主持Podcast。

開始錄製訪談後，我不得不做出類似的選擇。我可以花很多時間用谷歌搜尋來賓的資訊，確保我知道對方從出生到現在生活的所有點點滴滴，但是我沒有這麼做。我選擇只了解到足以能夠和對方交談的程度（不能完全無知！），但是沒有多到關於對方的一切我都瞭若指掌，反而覺得無聊。我專注於真正該做的事：引導出真實、深刻、有趣的對話，同時刻意忽略把來賓研究到滴水不漏的衝動。

你猜結果如何？迄今為止，我已經採訪六十多位創辦人，並且仍在持續增加，其中沒有任何無聊或因為腳本而顯得可笑的對話，也沒有因為事先準備好的回應，導致內容不連貫，我們的對話輕鬆、隨性、有趣、自然，像朋友聊天一樣。透過「不充分」準備，我能夠真心對她們的答案感興趣，讓談話進入出乎意料、深具啟發的境界。相較於事先安排好的一系列問題，每個人都很喜歡最後的結果。

不過我也會替來賓著想，如果對方希望事先準備，我會提供大概的方向和開放式的問題供她們參考，她們就能按照個人的意願安排準備，只因為我「不充分」準備，並不代表她們也得這麼做，但是我們會相互配合。結果是我很喜歡每一次的對話，也從中學習到很多。

刻意不讓自己陷入準備工作，也讓我能真正著手錄製 Podcast，而不是空有想法。我一開始只取得足夠資訊、準備「不充分」就開始錄音，然後才慢慢了解技術細節，例如簡易供稿機制（RSS feeds）、上傳平台等等。

很多人裹足不前、遲遲不肯動手，認為自己還沒有準備齊全。他們躲在資訊蒐集、學位蒐集、證書蒐集背後，任由別人告訴他們什麼時候才算準備充分，但是那完全是（你可以預料到我會說什麼）胡說八道，你現在就可以開始，只要有夠多資訊，就可以運用既有資源邊做邊學。仔細研究數據和細節與實際體驗完全是兩回事，你只是躲藏在以準備為藉口的拖延背後。

如果你希望推翻董事會關於高階主管薪酬的決定，不要拼命研究薪資規定和先例，而是著重於與董事會成員對話，以了解他們的理由，才能加以反駁。

如果你希望公司的領導團隊看到自己出色的行銷點子，不要拼命研究過去每一次行銷活動的所有細節、要求自己必須能寫出一篇論文探討行銷手法的演變，才有資格提案（你笑了，但是我知道你也是「過度準備戒斷會」的成員！）。只要蒐集到夠多行銷統計數據，就可以向主管提案。

如果你想把創業點子推銷給一屋子投資人，不要拼命研究每一個人的投資組合或是對於你的公司為何更勝一籌進行點對點分析，而是要專注於取得適量關於投資趨勢的數據和模式，調整期望和報告內容，然後就去推銷。

如果你想成為公司的執行董事，不要苦惱自己是否應該去唸企管或金融學位，或是取得領導力相關的證書或其他形式的訓練課程，而是把心力放在實際的專長以及讓你脫穎而出的技能，然後就去爭取。

這就是訣竅。只要適當準備，就開始動手。

在「少量資訊」中茁壯

另一種運用「有計畫的無知」、避免自我阻礙的方法是吸收少量資訊。不是零資訊，是少量、根據策略選擇的資訊。

我第一次懷孕時，有一次（只有那麼一次）犯了「在谷歌上搜尋高齡產婦」的大忌。當時三十六歲的我，已被蓋上「高齡」的烙印，我才看了點閱率最高的兩篇文章，就嚇得立刻把電腦關上。我無法改變自己已經三十六歲的事實，但是我決定不要過度擔心「高齡」的風險。我了解自己的身體、知道自己很健康。我大致了解風險為何，但是我不會自尋煩惱。我決定相信自己的判斷、相信身體的力量（還有這幾千年來女性沒有谷歌也可以順利分娩的事實），並且充分信任我的助產士。

我選擇吸收少量訊息：我能或不能吃哪些食物、了解我情況的專業人士告訴我可以或不能做哪些類型的運動，然後相信直覺，如果感覺不對勁或聽起來有問題，我就發問，但是我沒有讓自己陷入網路的黑洞，每天憂心忡忡、破壞原本美好的懷孕時光！

我第一次創業也有類似的經驗。我當然可以無止境地研究開創事業的風險，但是其實生活中每一件事都伴隨著風險，所以我選擇只去向有創立和擴展事業經驗的人請益、閱讀可靠的期刊、運用常識分析資訊，然後相信直覺。我問必要的問題，但是沒有讓自己憂慮到無法前進、因為風險太大而不願創業。

我們都必須這樣做：選擇吸收哪些資訊、哪些得吐掉或根本不該放在盤子上。並非所有資訊都值得擁有，並非所有資訊都同樣優質，也並非所有資訊都有幫助。

第一波新冠疫情封鎖期間，我決定停止看「新聞」，因為每天的內容都差不多。病例和死亡統計數據固然令人心痛，但是我不需要知道確切的數字，因為我對它們的控制是零，花心力思考這些我無法控制的事是浪費時間、精神和情緒，而我沒有多餘的時間、精神和情緒可以浪費，我相信你也是。

所以要傾聽你的內心、目標、直覺和狀況警覺能力，**決定自己需要哪些資訊、哪些「資訊」只是干擾或根本沒有助益，然後忽略所有與你在乎的事或希望達成的目標沒有直接關連的訊息**，大刀闊斧地砍掉訂閱的電子郵件、LINE群組、IG追蹤、《我就爛電台》、Podcast，所有你盲目吸收的資訊，而且要明白所有資訊不是對你有幫助就是在扯你後腿，沒有靜止不動這回事。

畢竟人如其食，我們吃什麼就像什麼，這個原理同樣適用於我們吸收的資訊。

執行任務：小心身邊有毒的訊息

如果你從來沒有仔細思考過一整天對你大量轟炸的訊息，這條命令可能聽起來過度嚴格，但是人類的大腦很強大，我們潛意識接收的資訊遠遠多過於刻意吸收的資訊（所以才叫做「潛意識」），這就是為什麼輸入的資訊那麼重要，因為無論我們有沒有刻意吸收，大腦都會處理這些資訊。

如同第一部分狀況警覺的練習，輸入的資訊必然影響產出的資訊，這不是魔術，是科學。

所以要慎選輸入的資訊，隨時提高警覺，如果你身邊都是消極的人，你可能更消極；如果你只看言情小說，你的世界觀一定很不切實際；如果聽氣憤填膺的Podcast，你會內化主持人的憤怒。我們很容易將這些東西視為「小事」，但是它們一點不小，所有事物都會留下印記。

所以要了解自己正在接收的資訊，並且限制自己接觸到多少負面、不切實際或憤怒的訊息。因為如果你有遠大的目標、夢想或抱負（我知道你有，否則你不會讀到這裡），就要徹底檢討自己思考、領導和生活的方式。如同愛因斯坦的名言：「只有瘋子才會重複做相同的事，卻期待出現不同結果」。

所以請停止做相同的事，如果不改變接收的資訊，就不要期待輸出的結果會改變。所有訊息都有影響，雖然程度不同，但是一定都有。不要輕忽看似微不足道的小事，那些小事可能對於你花多長時間、走到什麼樣的高度產生重大影響。

工具11-1：選擇不知情

我二十幾歲住在紐約，和當時的男友是週日夜店的常客。說到上夜店，就一定要去肉品包裝區（Meatpacking district），其中最熱門的店就是蓮花（Lotus），我在那裡撞見（真的撞到）歌手藍尼・克羅維茲（Lenny Kravitz）（暈倒！），我的男友甚至和世界知名魔術師大衛・考柏菲（David Copperfield）與後殖民文學教父薩爾曼・魯西迪（Salman Rushdie）一起喝酒。

只要去過的人都知道，要進入夜店，有一些微妙、近乎拜占庭式（Byzantine）的規則，最重要的規則是永遠、永遠不要走到守門人面前問：「我可以進去嗎？」

絕對不行。天鵝絨繩以外的生活也是如此。

因為問題左右了答案，而答案決定了結果。我們先發問，就等於把決定權交給回答問題的人，但是你可以選擇不問，你可以選擇自己決定結果、保留權力。

所以不要問：

- 你知道答案是「不行」的問題，或是，
- 你憑直覺就知道答案的問題，而且答案讓你害怕、要你服從或噤聲。

這就是「有計畫的無知」。

因為如果你沒有發問，就可以隱藏在「選擇不知情」背後，這是中央情報局的經典作風。點燃一場民權運動的羅莎・帕克斯[7]（Rosa Parks）輕笑：「是喔，我不能坐在這裡……。」。

7　編按：羅莎・帕克斯是美國黑人民權行動主義者，一九九五年因為她在公車上拒絕讓位給白人，因而引發聯合抵制蒙哥馬利公車運動，被譽為「現代民權運動之母」。

甘地看著大英帝國分崩離析，在心中竊笑，心想：「公民不是早就不服從了？」「我毫不知情啊，大人。」

這就是不發問的力量。你不想得到答案，因為你已經知道答案；你不是等待別人制止你（你早就被制止），而是採取行動，為世界帶來既定事實。太聰明了。

至於那些你知道答案會讓你害怕、要你服從或噤聲的問題？也不要發問。如果已經知道難關重重、勝算不高，你真的需要知道究竟有多難、形勢多不利嗎？那些「知識」只會成為你退縮的藉口。

所以不要問：「有多少女性成為《財星》五百大企業的執行長？」而是運用有計畫的無知（以及稍後會提到的可能的藝術），加上到目前為止書中介紹的所有工具，成為例外的那個人，並且幫助別人也成為例外。

不要問：「有多少非白人的跨性別者創辦了成功的基金會？」而是運用「有計畫的無知」（以及可能的藝術），加上到目前為止書中介紹的所有工具，成為例外的那個人，並且幫助別人也成為例外。

不要問：「幾歲開始跳舞／打拳／出書才不算太晚？」而是運用「有計畫的無知」（以及「可能的藝術」），加上到目前為止書中介紹的所有工具，成為例外的那個人，並且幫助別人也成為例外。

不要發問，要運用戰術、運用你擁有的所有武器和能力、使用「選擇不知情」，不要阻攔自己前進。你要走進最時尚的夜店，大歌星藍尼．克羅維茲也許在那裡等你。

關鍵資訊小整理

- 「有計畫的無知」之所以強大，在於「有計畫」的部分，也就是根據手頭上的任務謹慎選擇要吸收或忽略哪些資訊。
- 有計畫也代表能夠自在地接受「不充分」準備，強迫你在蒐集夠多資訊之後就開始動手，而不是把訓練或學習當成拖延的藉口。
- 你知道各種訊息對你可能產生什麼影響，所以請不要吸收垃圾資訊，資訊貴精不貴多。
- 善用「選擇不知情」；選擇哪些事不要問，直接去做。

第12章

堅定地完成任務

任務名稱：擁抱「活著」的感覺！

生下第二個女兒後不久，我和陪產士聊到很哲學的問題（生活中的重大變化總能引導出我內心的蘇格拉底）。我們談論在西方，我們如何習慣輕鬆舒適的生活，總覺得幸福快樂是理所當然，而且執意追逐（《美國獨立宣言》（*US Declaration of Independence*）甚至載明：追求幸福是不可剝奪的權利）。我們避開痛苦和不適、遇到困難只想快速解決、希望擺脫尷尬的處境。

但是如果我們放下對幸福快樂的追求，改為尋求更深刻的感受，結果會如何？如果我們去擁抱活著的感覺呢？

我們都知道快樂難以捉摸，因為世界不一定如我們的意、現實扭曲我們的夢想、生活不遵循我們的計畫，而且是一而再、再而三的發生，因為人生就是這樣。我們面臨挫折與挑戰、波濤洶湧的水域和各式各樣的不如意。

但是真正去感受各種情緒、接受人生有起有落，本來就不可能永遠順遂，了解生活就是這樣。透過選擇擁抱活著的感覺，我們可以在逆境中找到意義，即使遇到最艱難的時刻，也能找回目標和精力。我們可以讓自己堅強，從挫折中學習、成長，變得更有韌性，不是總是急著逃離痛苦和艱困。

擁抱活著的感覺，以及隨之而來所有好的、壞的和醜陋的事物，我們可以從中發現自己的力量。如果只追求快樂，可能永遠不知道自己有多堅強。

親愛的讀者，我們一起努力的時刻即將畫下句點，我把最珍貴的寶石留到最後，這些都是我從任職中情局、擔任執行長、做為移民的女兒、身為印度裔美國人、為人父母、成為擁有獨特身分和角色的個人，進而培養和磨練出來的工具和策略，讓我變得堅定不移。

我當然會害怕和不知所措，也曾感到疲憊。我和每個人一樣都會沮喪、洩氣、挫折，但是我從來沒有因為恐懼、不知所措、疲倦、難過、洩氣、挫折而動搖，我不會沮喪太久，更不會讓這些情緒阻止我前進。

為什麼不會？因為我臉皮很厚，而且我學會相信自己、了解身為唯一的力量，真正做出一番成績，而且我深信「可能的藝術」。這些都是臨別的禮物，讓你的兵工廠變得更完整。你的心情也許會受影響，但是你不會動搖。

學會更加堅韌

成長過程中，只要考試沒有拿到一百分，即便是九十八分，我們的父母都會問：「那兩分是怎麼回事？」有這種永遠期待自己拿滿分的父母的感覺不是：「我好可憐，盡了全力卻永遠不夠。」而是：「哇，我的爸媽覺得我能做得更好，也許他們是對的。」潛台詞不是高壓的完美主義，而是深愛我的人認為我有能力做到比我意識到的更多、幫助我提高標準。

所以我學會設定更高的標準，而且無論我做得多好，我還是想方設法讓自己變得更好、更有效率、更聰明。感謝我的父母，有建設性的批評（關鍵是有建設性的）已經成為我的同伴、回饋是我的朋友。

所以現在換我問你：「那兩分是怎麼回事？你的標準夠高嗎？你是否忽略有幫助的回饋，結果反而令自己失望？」

我記得剛進中情局時，有一天我開心地將完成的報告拿給資深情報分析師審查。我自認報告寫得超棒，期待得到一點點批評和大量讚美，結果卻拿回被紅字改得面目全非的稿子。我很震驚，我那麼聰明又那麼認真，我的自尊心很不習慣接受這樣的回饋。但是我沒有衝進資深分析師的辦公室，跟他說他的看法是錯的，或是跟所有朋友說他的壞話。我仔細閱讀並接受他的評論、修改必須修改的地方，然後（這是關鍵）把報告寫得更好。

他的回饋不是關於我個人。資深分析師沒有說我是爛人、浪費辦公室隔間的米蟲；他只是說我的報告很爛。兩者間有極大差異：我身為人類的價值（所有人都是）不容質疑，我的報告卻不是。你也可以選擇以這種心態接受回饋，**別人不是在批評你這個人，只是評論你做一件事的表現。**回饋可以讓我們變得更好，即使出自於我們鄙視的人或鄙視我們的人，我們都可以選擇不帶個人情緒地接受回饋。

在戰區工作時，有一個同事很不喜歡我，她從不放過任何批評我的機會，而且都是以「友善的建議」為幌子。每一次遇到她這麼做，我都強迫自己（咬牙切齒）把實質的內容與源頭分開，然後接納能幫助我成為優秀分析師和探員的建議。我不喜歡承認她有時是對的，但是我會接受，讓她的言語利劍打磨我的武器。我們做任何事情都要採取這個方法：**不要盲目地同意每個人對我們或我們工作的評價，但是要去聽、去反省，無論我們喜不喜歡發表評論的人，只要對方夠資格，就應該保持謙遜的態度，改進可以改進的地方。**

在中情局工作幾十年的資深分析師有資格給我回饋，我應該接受，但是和我一樣剛進中情局的菜鳥分析師，如果沒有任何成績證明他們的能力，就沒有資格；多次被派駐戰區的同事有資格給我回饋，我應該接受（即便她態度很差），但是在總部工作，沒有戰區經驗的同事就沒有資格（即使他們態度很好）。個人生活也是如此，我身材健美的丈夫有資格告訴我應該多運動，那些沙發馬鈴薯朋友就沒有資格；我歡迎前者的回饋和建議，忽略後者友善的讚美：「妳夠健康了。」

每個人在某種程度上都可以進步，而為了變得更好、為了看到自己的潛力，我們必須接受對於某個領域比我們了解更多的人的回饋，或是把某件我們希望做好的事、做得很成功的人的建議，即使對方沒那麼友善。**現實生活裡，沒有人有義務喜歡、認同或稱讚我們；我再說一次：沒有人有義務喜歡、認同或稱讚我們。所以遇到批評時，我們必須接受，而且要夠堅強、從中汲取教訓，而不是被它摧毀**；我們不能自尊心作祟，導致臉皮太薄，甚至把標準定得太低。

工具12-1：「唯一」的力量

如同我們可以選擇重新定義批評，把逆耳的忠言當成讓自己變得更好、更堅強的機會，我們也可以把「唯一」定義為改變觀點的機會，而不是視為負擔。

身為唯一通常很辛苦：唯一的女性、唯一的美國人、唯一的有色人種、唯一的平民、唯一的任何人，因為它可能伴隨著巨大的壓力和難以招架的期望。你沒辦法只是一個個體，而是在並非自願的情況下，代表一整群人。你的一舉一動都會被拿到放大鏡下檢視，如果你把事情做好，人們認為是理所當然，但是萬一你搞砸了，他們就會歸因於你的身分，認為那代表其他和你相同身分的人的固有缺陷，那次的搞砸就成了再也不雇用、不仰賴、不信任或不與「像你」這種人合作的藉口。你必須比別人更努力（就像我媽媽常說的），否則「像你」這種人就得不到第二次機會。當然，有時那些恐懼和壓力只是出於想像，但有時卻真實得可怕。

所以我才說身為「唯一」不容易，但也可能是絕妙的機會。因為成為「唯一」代表你很顯眼，我們可以利用這樣的地位來挑戰對於「像我們一樣的人」的既有觀念，讓世界更進步、激勵別人或讓別人變得更好。

很多年前，有一天我在英國郊區坐公車，一邊安靜地讀《經濟學人》（*The Economist*），坐在我旁邊的白人老先生一直伸長脖子望向雜誌，所以我把雜誌微微朝他傾斜，讓他的脖子休息一下。他笑著問我在看什麼，我告訴他是《經濟學人》，語氣帶著很明顯的「不然咧」，出乎意料的是，他繼續問：「那是什麼？」我解釋那是一本探討政治和時事的雜誌，這回輪到他吃驚了，他說：「啊！不是宗教的喔，我以為像你這樣的人都看關於宗教的東西。」

現在，請盡情發揮想像力，思考他的弦外之音，因為我絕對這麼做。我的直覺反應當然是翻白眼、有點不爽，不想理會這個不知道《經濟學人》是什麼的人（我的老天！）。但是我選擇違背直覺，如果我是這名男子唯一認真對話過的棕色皮膚、亞洲血統的人（我相信是這樣），那就應該好好把握機會。不是教育他、拯救他的無知，那絕對不是任何「唯一」之人的工作！而是透過很小的、微不足道的互動來改變觀點。因為假設我是唯一和他聊過天的印度裔人士，代表我可以運用這個力量打破錯誤的想法。

我沒有天真到以為自己與這名陌生人的對話會永遠改變他的世界觀，但是至少稍微動搖，也許那個片刻會持續，也可能不會，至少我努力把這段閒聊稍微往前推了一步。這就是身為唯一的力量，因為我們特別醒目的時候、有人因為我們身分的某些特質注意到我們的時候，我們就能把那樣的注意力轉移到其他人可能不會注意到的事情上，也許（希望）一切都能變得更好。

任職中情局時，團隊中只有我的名字老是被上級唸錯。我都會糾正他們，他們也刻意練習如何正確地唸非美國白人的名字。身為唯一的「露波兒」（不是露柏兒或露帕兒或露波特），讓我有機會幫助上司在未來更習慣面對有「好笑」名字的同事。

參加投資人聚會時，如果我是在場「唯一的女性」，我都會特別指出這點，讓主辦單位發現他們可以向其他女性投資人敞開大門。身為「唯一的女性」，我能夠讓其他女性投資人比較容易打入這個圈子。

在偏遠的前線地區，帳篷裡都是經驗豐富的特種部隊，我是「唯一的女性」，我會刻意展現自己有多自在、堅強。身為唯一一名二十多歲的平民分析師，讓我能夠用沉著的態度、自信和優異的表現，讓未來的女同事更容易融入。

所有微小的互動、潛在的交會點，都是選擇忽略或接受自己身為唯一的時刻。如果我們不運用自己的力量慢慢敲掉陳舊、刻板的觀念，那麼告訴其他人要拒絕、遠離、輕視「像我們這種人」的耀眼霓虹燈就會永遠牢牢插著電。

所以在你身為「唯一」的時候，可以預期所有隨之而來的包袱、壓力和檢視，但是也要接受隨之而來的力量、機會和改變的潛力，你可以把霓虹燈調暗。

工具 12-2：可能的藝術

說到接受自己的力量，就要來談談期望和標準的影響。

每年年初，我都必須用嚴格的語氣與客戶討論他們的職業、生活和未來一年的目標與計畫。「嚴格」在於鼓勵（強迫！）他們提高對自己的期望，不是造成太大壓力或自我虐待的要求，但是一定要把標準稍微提高，這樣一來，他們才能證明自己有辦法做得更好（拜父母所賜，我基本上有不同版本的「那兩分是怎麼回事？」的說法）。因為期望對我們影響甚深，我們會根據別人對我們以及我們對自己的期望調整表現，所以我們經常得搖醒自己，提醒自己我們可以找藉口，也可以設法達成目標。

遇到所有事情都是一樣。

大女兒出生後，我依然全職經營公司，時常一邊哺乳一邊召開投資人會議或打重要電話；有一次生病引起併發症，休養期間不能上健身房，可是我不想放棄身材，所以每天都到外面走一個多小時；我經歷了一次重大財務衝擊，決定大幅刪減個人和公司花費，並加倍努力賺錢；即使在疫情封鎖期間，我也每天洗澡；無論多忙，我都會整理床鋪，維持家中整潔。無論是生病、剛生小孩或只是太累，我都有一些不願降低的標準。

可是我不是機器，我必須有所取捨（又是這兩個字），我選擇尊重自己而不是自我犧牲、自我照顧而不是顧影自憐、自我保護而不是自我毀滅。我這麼說，不是因為我有非凡的能力，而是因為我是凡人。我和所有人一樣。

你也在做同樣的事，在想放棄的時候堅持下去、想放手時繼續奮鬥、往後飄比較輕鬆時努力前進。你在生活的不同層面、不同時期選擇積極面對。你做到了。我在這裡是要提醒你別忘了自己的力量，因為我們很容易認為別人比我們優秀、堅強、聰明或幸運，但是那（通常）不是真的，你也可以選擇讓自己變得更優秀、堅強、聰明或幸運，選擇不再找藉口阻止自己前進，否則你只會怨天尤人，埋怨孩子、另一半、工作，總之就是抱怨你用來做為藉口的對象，使你面目可憎。

當你發現你告訴自己做不到某件事（也就是找藉口），請選擇問自己：「我要怎麼樣才能做到？」讓問題開啟大門，找出你之前不願看到的選項。

時光飛逝，我們真的沒有時間找藉口。有太多事要做、太多事要體驗，太多等著我去讀、去聽、去看、去發現的事物，時間完全不能浪費。

所以請停止找藉口，想辦法達成目標。

執行任務：充分運用所有選項

我知道並非每個人都有同樣多的選項，我們是什麼人、住在哪裡、背景為何，以及所處的社會和個人環境都不一樣，選擇的架構和範圍也因此不同。我沒有對殘酷的現實視而不見，有些人的選擇的確比較有限。

但是你有沒有充分利用所有可能的選項？（選擇以蘋果代替布朗尼蛋糕、選擇站立式辦公桌而不是坐著、選擇能帶出你最美好一面的另一半，而不是剛好出現在你身邊的人……），因為如果沒有的話，你就必須開始這麼做。你的使命或人生沒有找藉口或自怨自艾的空間了，請盡量運用可能的選項，盡其所能。就這麼簡單。

選擇的美妙之處在於我們擁有的通常比我們意識到的要多，如果想發現更多選擇，就要運用「可能的藝術」。

我們生活中大部分時間，接收到的訊息都是匱乏、稀缺、競爭、贏家通吃和零和遊戲，認為其他人已經做了什麼，我們就沒必要嘗試。但是現實並非如此。當然，世界上有些事物真的非常稀缺，像是砈（astatine）這種元素（沒錯，我用谷歌搜尋到的）、在月球上漫步的機會、鼠兔（pikas）這類瀕臨滅絕的動物（也是谷歌），以及幾乎所有你能想到的領域裡位居頂端的女性，但是其他事物多半不是。

擁有豐足的心態，才能在看到別人的成功不會認為這代表我們的停滯、別人的美貌不會讓我們變醜、別人的財富不會使我們陷入貧困、別人受到讚賞不代表我們沒有價值。

與其對自己說：「所有客戶都被搶走了」、「所有的好人都有另一半了」、「我想要的職位都被占滿了」、「所有藝術都已經創造出來了」，我們可以問：「哪裡可以找到需要我獨特服務的客戶？」、「哪裡可以找到能引導出我最美好一面的另一半？」、「如何擴大求職範圍，才能找到最適合我的工作？」、「我如何才能創作出與眾不同或獨特的藝術？」（劇透警告：你所做的一切都是獨一無二的，因為世界上只有一個你。）

你有沒有發現前一組都是斬釘截鐵的聲明？而且把注意力集中在稀缺和匱乏上？而後者都是開放性質的問句，沒有限制、挑戰我們運用創意並相信資源豐富、鼓勵我們想像新的可能？

天差地別對不對？

若要運用可能的藝術，我們必須停止從匱乏或限制的角度說話或做事，不要告訴自己不可能成為、實現、擁有什麼，因為其他人已經成為、實現、擁有。**然後重新訓練自己的大腦，從「這**

是不可能的」，轉變為「我如何把它變成可能？」請使用「有計畫的無知」，並專注於可行的做法，而不是某人認為你不可能做到，即使那個「某人」是你腦袋裡的聲音。

理論上，每一件事都可能做到，沒錯，對你來說也是如此。所以要想辦法讓理論成真，回歸到最初的本質、仰賴你的行動團隊、管理內在和外在環境、讓身邊圍繞著勇於行動和創造的人，而不是只會空談和消費的人。

若要運用「可能的藝術」，我們必須使用書中探索的所有工具，制止自己說：「我做不到……」，而是開始問：「我如何做到……」，然後設法達成目標。

如果你必須籌到三十萬英鎊（一千一百五十萬新台幣）來支付拯救親人性命的手術，你不會說：「喔，我不可能做到。」然後就放棄，你會問自己：「我怎樣才能籌到三十萬英鎊。」然後絞盡腦汁、翻箱倒櫃找出一萬英鎊；如果你必須辭掉工作才活得下去，你不會說：「我做不到，我只能聽天由命。」你會問自己：「我如何換工作？」然後聯絡你認識的每一個人，想辦法找到新工作。以上都是極端的例子，但是透過極端的例子（就像我們在第3章三個理想練習中發現的），我們通常會看到充滿可能的世界。

試試看問自己以上兩個問題，體會一下當你丟給大腦問題，而不是既定結論時，會發生什麼事。拋出問題之後，我們就會不停尋找答案，大腦開始運轉，即使只是假設性的問題。你用問題啟動大腦，它就會四處蒐索解決方案。

所以下一次你發現自己說：「我永遠不可能……」或是「這不可行」的時候，把陳述句轉變為：「我怎麼做才能……」或是「什麼方法是可行的……」，讓大腦尋找新的可能，協助你達成使命、成為你想成為的人。

執行任務：讓全世界知道

除了問自己開放式的問題之外，還可以使用「有技巧的洩密」來要求自己負責，在做你告訴自己「不可能做到」的事時，例如創業、學習飛行，或在百老匯表演，那就告訴別人你正在創業、學習飛行或是在百老匯表演。一旦放出風聲，你就得設法達成，不然會有失顏面。沒有人喜歡丟臉。我用這個方法達成很多事，包括到世界各地演講、創業、寫這本書。我告訴別人我打算做什麼之後，就不得不設法達成，大腦開始努力尋找辦法。

這個過程從來不是簡單的一直線，也並非完全刻意，而且通常比我預期（或希望！）花費的時間更長，但是我開始行動，並且運用各種能力、部署軍火庫的所有武器，也就是我在書中鼓勵你做的所有事情。在此我又要重複一樣的話，如果我能做到，你一定也能；只要任何人能做到，每一個人都可以。你只要找到自己的方法，把心中不可能的事變成可能。我已經給了你我所有工具，就等著你來使用。

祝你好運，我的朋友，請繼續前進。人生苦短，所以要探索自己的潛能，沒錯，就是你，然後努力實現。我會在一旁為你加油，期待聽到你傳來達成使命的好消息。

關鍵資訊小整理

- 問自己「被扣的那兩分是怎麼回事」，以及你有沒有發揮潛力。請為自己設定更高的標準。
- 堅強一點，接納夠資格的人對你有建設性的批評，幫助你變得更好、更強大、更勇敢。
- 不要把成為「唯一」當成負擔（這可能是沉重的負擔），而是視為帶來正面影響的好機會，你可以鼓勵別人關注對你們來說重要的議題。
- 你可以找藉口，也可以想辦法達成；盡可能把握機會。
- 任何事都可能發生的藝術在於積極尋找方法達成目標；思考目標時不要用肯定句，只問自己開放式的問題。
- 什麼事都有可能，對你來說也是。

第Ⅲ部分 回顧

剛踏上這趟旅程時，我就向你承諾，到了尾聲，你會渴望破繭而出，我幾乎能聽到繭開始破裂的劈啪聲。你已經走出暗處，讓自己發光發亮、改寫規則，並運用「有計畫的無知」把自己推升到超乎想像的境界，成為更強大、美好、勇敢的自己，不再躲藏。

但是請不要停下腳步，套用一句很棒的說法：「**我們無法擁有成功與發揮潛能，只能暫時租用，而且租金每天都要繳。**」所以請堅持下去，每天都要持續。做到這點並不容易，不過真正值得擁有的事物從來就不容易。

我還有最後一點智慧要與你分享，讓你保持動力，所以還不要掛起你的斗篷和匕首……

—尾聲—

維持攻擊指數

恭喜！你現在是訓練有素、使命必達的厲害角色了，不過關鍵是：訓練永遠不能停止，你必須時時保持警惕。因為你可能會忘記得來不易的能力、出於內疚去做讓自己筋疲力盡的事、只因不想拒絕對方，開始和消極的人相處、由於情況遲遲不見起色而放棄、轉到《我就爛電台》，讓DJ重新調整你的大腦，或是回到對你有害無利的生活和領導模式。

這種事必然會發生，每個人都很難倖免。若想恢復或維持從CIA到CEO的那股衝勁，你可以追蹤自己的數據，這樣才不會如同我在中情局的上司所說的：「從勝利的口中奪走失敗。」

祕密武器：追蹤統計數據

「為什麼都不見成效？」我剛創業時經常如此哀歎。我參加幾十場資格預審會議、花好幾小時打電話給所有可能的合作夥伴和供應商、四處籌募資金，一天下來，我確信自己做了所有該做的事，但是我從來不覺得滿足，也沒有成就感。到底是怎麼回事？！為何沒有進展？！如果我做的和我想的一樣多，怎麼看不到成果？我需要獨立的方式來檢查自己的進展，所以我開始追蹤統計數據。

我用Excel表格（那是二〇一〇年代初期，我現在已經改用Toggl這個應用程式來追蹤），我將每一個工作天分拆為十五分鐘，將時間寫在A欄，然後把兩週內在這些時段進行的活動填在B欄（0830-0845：財務分析；0845-0900：與X先生通話；1200–1245：午餐…等等，記錄一整天）；我也盡可能量化每天的活動（電話數量、會議次數等等），並在兩週結束時檢視我的一天和一週實際上的模樣。

結果令我失望透頂。

第一個問題是，那時我在家工作，就像現在許多有居家工作經驗的人都會了解的，在家工作真的很容易被所謂的「小」事干擾：「要洗的衣服越堆越多…，我先把衣服丟去洗，再開始做事」；「我好餓，乾脆來用一下那本一直沒打開的食譜」；「我可以喝杯茶休息，對了，何不來替水壺除個水垢？」諸如此類的小事不斷出現。更不用說在全世界都這麼做之前，在家工作幾乎不被視為工作。很多人假設既然我在家，那就可以跑腿辦事、花很長的時間吃午餐或混水摸魚，事實是我在工作（或是一邊努力要工作，一邊要應付不斷出現的邀請和打擾以及令人惱火的困惑表情：「好奇怪喔，你覺得在家裡的書房創業算是工作。」！）

第二個問題則是我沒有設定一天或一週的目標。每天都是一張白紙，我坐在辦公桌前，開始找事情做，而不是按計畫行事。我可能打幾通電話、做一些研究、調整試算表、回覆幾封電子郵件，然後做任何那天剛好發現的任務。我的日子缺乏架構。我只是被動反應，不是掌控。

開始追蹤統計數據之後，我發現很多之前沒發現的問題，雖然看到自己浪費（不是投資）多少時間，覺得很失望，但是也如釋重負，因為我突然明白自己沒有進展不是因為運氣不好或註定失敗，而是因為做事缺乏計畫。

所以我開始制定一週的計畫、設定每一天的工作目標，然後朝著計畫和目標努力，其他事情（吃飯、洗衣服、清水壺）還是會完成，但是是留到最後才做；**我把大腦的黃金時段用來處理對事業有幫助的任務。**

追蹤統計數據讓我有具體而客觀的畫面，了解自己把時間投入或浪費在哪些地方。我可以回顧自己一天、一週、一年投注在發展業務、行銷、行政工作等等的時間和比例，再運用這些統計數據來要求自己達成事先設定的目標。

採用這個方法不到幾週後，我的事業第一次有了突破，這完全歸功於誠實的自我檢討、追蹤統計數據，我才能修正做事方法，同時釋放壓力，不用老是擔心為何沒有成效。與其對時間的去向感到惶然，不如蒐集真實客觀的數據。

人類最不善於評估的往往是自己，我們經常有「近期偏差」（recency bias，以自己記憶中最近的歷史經驗和趨勢來判斷未來）、「可得性偏差」（Availability Heuristic，在決策過程中過度重視自己已知或容易取得的訊息，忽略其他資訊，從而造成判斷的偏差）和「自我保護偏差」（self-preservation bias，選擇相信讓自己開心的解釋）。我們判斷自我的表現是基於不久前發生的事、我們記得的（我們忘記很多），以及讓自己感覺良好的說法（「我一整天都在努力工作！」）。但是客觀衡量每一天做了或沒做什麼，會為你帶來出乎意料的有用資訊。如今「追蹤統計數據」已經成為我的習慣，這麼多年下來，仍然對我很有幫助。

有時我的進度超前（幾年前的某一週，我認為自己狀況不佳，決定檢視自己哪些方面偏離軌道。你知道嗎？我不但沒有偏離軌道，反而在五月就達成當年目標的一半！）；有時我做的比想像中少很多（例如儘管自認重視健康，我發現自己一週只去一次健身房）。

數據改變一切：無論是實際上、情感上或精神上。

因為假設我們進度超前，知道這點不是很好嗎？我們就可以稍微放鬆，不用擔心還有多少事得做，甚至可以慶祝一下或拍拍自己的背（怎麼可能嘛，我知道！）；如果我們進度落後，雖然違反直覺，但是數據也能提振士氣，因為遇到缺乏進展的時候，使用數據來分析，了解這是由於我們沒有投入足夠時間處理重要任務，還是因為花太多時間做「低價值」的事，也就是找出問題在於流程還是執行，這樣不是更好嗎？

數據給了我們答案、幫助我們發現解決方案，讓我們了解事實，而不是猜測。因為任務無法靠猜測來達成。因此，無論是偏離正軌，還是穩定地沿著軌道前進，都要「追蹤統計數據」，才能以了解事實的力量取代疑惑。

朝目標前進的路上一定會遇到難關，「追蹤統計數據」能夠幫助我們建立預期，知道某些任務「應該」花多久時間完成，然後在遇到困難、覺得自己停滯不前時，可以回頭檢視統計數據，然後說：「哦！我上次產品發表會花了三週又四小時才完成，現在才第二週，所以應該沒那麼糟糕，只要再多堅持幾天，讓這次的產品發表會更成功……。」

你也許覺得分析數據有點奇怪或「太科學」，不過蒐集自己分配時間的數據，能夠支持你朝著使命前進，遇到困難才不會太早放棄。許多人就是這樣，覺得自己花太長時間做一件事，結果功虧一簣。我不希望你變成那種統計數據。

我親眼看過太多我輔導的公司創辦人放棄招募新員工或行政助理，因為「找到合格的人選太花時間」，然後自己做得心力交瘁，不明白大小事一手包攬為何行不通。

我親眼看過太多我協助的企業領導人，拒絕讓自己曝光，因為感覺「太招搖」、不想「自我吹捧」，加上他們發表的第一條LinkedIn貼文沒有馬上獲得一萬人次點閱，還沒有真正開始就放棄，然後不明白自己為什麼從來沒有因為做好事而受關注、事業為何停滯不前。

我親眼看過太多我指導的商學院學生，原本希望轉換跑道或自行創業，最後卻放棄，因為「建立有規模的公司要花太長時間」，然後回去原本的地方上班，不了解自己為何老是不快樂、感到洩氣、找不到方向。

遇到上述情況，我都會提醒他們，事情在變得容易之前一定都很困難。做任何事情，一開始都可能覺得尷尬、奇怪、可怕、壓力大；任何值得擁有的事物都需要我們踏出舒適圈，並且持續投入時間、找出正確的方法才能取得。透過「追蹤統計數據」，就能確保我們做到這點，因為我們可以客觀地發現自己只花了三小時檢視應徵者的履歷，而不是我們感覺的三天；我們會客觀地看到自己只在社群媒體發表過一次文章，而不是我們發誓的幾十篇貼文，因為讓自己變得醒目不但壓力很大，還勞神費力；我們會客觀地發現大多數公司要好幾年才能茁壯、開始獲利，所以只花幾個週末經營事業當然不夠。**數據告訴我們現在不是放棄的時候，還要繼續努力。**

所以請堅持下去，追蹤你的統計數據、對自己誠實，趁著機會之窗還沒關閉前繼續努力，因為我們都知道機會稍縱即逝。

執行任務：去冒險吧！

我們繞了一圈，又回到機會之窗，所以我想用哲學的註腳來做結論，同時呼應我們踏上這趟旅程的原因：因為你知道自己還能發揮更多潛力、你想把那股力量帶入世界，而且你不想阻礙自己前進。你希望這一生活得淋漓盡致，好好把握埋藏在內心深處無比的潛能，而且你不想再浪費更多時間。因為如果你和我一樣，你會發

現日子也許漫長，可是歲月更是苦短。

所以我們現在要用精彩的故事結束我們的狂野之旅，希望能幫助你走到更高、更遠的地方。

幾年前，我準備到充滿異國情調的斯托克城（Stoke-On-Trent，沒錯，在我這名外籍人士眼中，即使斯托克也充滿異國情調）出差，我站在衣櫃前尋找合適的衣服，眼角餘光瞄到一件醜得可怕的裙子，我不禁微笑……，然後大笑。

那是一件寬大的連衣裙，蓬鬆的白色袖子，正面和背面都印有近乎真人大小的臉孔，背面有兩個大開衩，用來繫上吊帶，材質是氯丁橡膠（neoprene）。在你懷疑這個擁有吊帶開衩連衣裙的人是不是頭腦有問題、心想這個人到底在過什麼樣的生活之前，請容我解釋，那是我參加二〇一二年倫敦奧運會開幕式所穿的衣服。

那件衣服醜得可愛，因為它帶來很多美好的回憶：我和另外三名志工結為好友，至今仍是，他們都是非常優秀、很有創意的人，而且我參與了一場千載難逢的盛會。

擔任二〇一二年倫敦奧運會開幕式和閉幕典禮的志工是我一生中最棒的冒險，儘管那年夏天我吃了不少難吃的午餐便當，而且沒有為未來的職業生涯做「聰明」的決定，也就是到頂尖的管理顧問公司實習（我當時正在唸企管碩士班）。

但我沒有選擇「聰明」，而是選擇了冒險。

親愛的讀者，日子一天天過去，每個人的生命都越來越短，而我們這種擁有遠大抱負、忙於追求成就和使命的人，可能花太多時間實現目標，反而忘了兼顧工作和玩樂（即使工作已經很有樂趣），有時我們忘記只要敞開心胸，每一天都可能發現新奇的冒險。

我不是提倡享樂主義、盲目追求新奇事物，或是將責任拋諸腦後，而是要鼓勵你，**下一次冒險來敲門時，至少考慮答應它的邀約。**它也許偽裝成創業點子、一首歌的靈感、到納許維爾（Nashville）旅遊、走進每天經過的博物館、向某人坦承我們對他們的真實感覺（好或壞！），或者與看似有趣的陌生人聊天。

冒險不一定是高空彈跳或跳傘，而是從日常生活中尋找有趣的一面，讓自己開心；是選擇快樂（至少有時候），而不是投資回報率；是答應原本可能拒絕的事。對我來說，也是關於身體、情感和精神的體驗，讓自己真正去感受、享受活著的樂趣，即使在遇到「低潮」的時候。

我們共度的時光過得好快，你在這個神奇的星球上停留的時間也是，所以我要留下最後一個問題讓你思考：**這個週末、下一週、下個月、明年，你會接受什麼冒險？你願意讓什麼樣的冒險進入生活，讓你擴展視野、成長茁壯，或著只是望著衣**

櫃微笑（然後大笑！）

希望能聽到你的冒險故事，包括氯丁橡膠之類的所有細節。

致謝

讀一本書，我一定會看「致謝」的部分（我的意思是如果你跳過幾頁沒看，算是看完整本書嗎？？），但是我沒想到這會是最難寫的部分。我的「我欠你一個人情」的名單很長很長，所以如果我不小心把你遺漏，在此要先說聲謝謝，你知道你是誰，即使沒有在這裡看到你的名字，我也會確保你感受到我的感激。

至於我記得把你的名字寫入書中的人，我會非常努力，不過文字很難表達我的謝意。

感謝我的父母，謝謝你們一直以來對我抱持更高的期望，並看到我和我們周圍的世界隱藏的潛力。童年時一家人聚在一起吃飯，我時常覺得很煩、想翻白眼（「正常」家庭會一邊吃煎餅和蔬菜，一邊做腦筋急轉彎並學習金融知識嗎？），不過顯然你們灌輸的觀念和你們的以身作則對我影響至深。生在帕特爾家，我真的非常幸運，就像中了大樂透。

另一個大樂透是我的手足，我欠你們很多大大小小的人情。庫什（Kush），感謝你總是排出時間在我需要時出現，無論有沒有時差或是睡眠不足；還有不時關心我的索娜爾（Sonal），感謝你幫助我不斷成長、讓我達到我無法想像的境界；還有我一直以來的英雄和榜樣拉瓦（Lava）。

獻給我的大家庭以及我自己選擇的家庭，你可能看到我們談話的片段出現在書中，謝謝你們。特別感謝我最初的行動團隊成員佩姬（Paige）、布魯克（Brooke）、賈琪（Jacquie）和波莉（Polly），即使你們可能到現在才知道這件事。

謝謝理查德‧布朗（Richard Brown）和海倫‧波洛克（Helen Pollock），幾年前那次Podcast訪談，引發後續強大的連鎖反應；感謝我出色的經紀人和《吉屋出租》（*Rent*）的同好夏洛特‧寇威爾（Charlotte Colwill）如此了解我，並教導我出版的黑暗藝術；感謝充滿熱情、見解精闢的編輯里克‧歐布海（Rik Ubhi）和賈斯汀‧泰勒（Justine Taylor），以及無與倫比的莉茲‧馬文（Liz Marvin），相較於她的鷹眼和深厚的文字功力，我的「以細節為導向」的版本看起來很古怪。感謝珍娜‧佩斯（Jenna Petts）和法蘭奇‧艾德斯（Frankie Eades），謝謝你們的創意以及宣傳這本書所付出的努力，你們是我出書的夢幻行動團隊（希望能繼續下去）。

感謝珊達‧萊梅斯（Shonda Rhimes）、安蒂‧圖奧梅寧（Antii Tuomainen）和安妮‧萊莫特（Anne Lamott），雖然你們不知道（因為我們彼此不認識……，但是我很想改變這一點，暗示！），但是你們一直在替我打氣，你們的文字讓我在近乎心力交瘁的寫作過程中為我注入活力，如果不是你們的作品，這本書要不是很爛，就是根本無法誕生。謝謝你們。

最後要感謝我的丈夫蓋伊（Guy），你是帶我起飛的風。你的先人把你帶到這個世界，是人類的福氣。

最後要感謝我可愛的兩個寶貝女兒，你們是為我心靈提供能量的粒線體（Mitochondria）。

關於獻詞

我為何將此書獻給我的先人？

你們應該已經發現，我喜歡知識和分析，永遠都在學習；我試著去理解、剖析，尋找根本原則。我明白我會成為今天的模樣，其實是許許多多知識匯集的結果，也就是我所謂的「所有知識來源」。

有些人在我的身上、我的DNA留下印記，在我所有的先人身上留下印記，造就了我今天的模樣。我的血源和所有人一樣，是由成千上萬不可知的人和不可知的相遇組合而成，每個人都是數十億年來從未中斷的創造、演化和生存的結果。

這也是我將此書獻給先人的原因。他們是我從未見過的祖先，那些在生活中奮力拼搏的人，包括採集者、早期人類，找到印度河流域的路徑之後繼續前進，努力生活、生存和戰鬥，直到某一天，在他們想像不到的未來，出現了我。

我的生命完全歸功於他們；有他們才有今天的我，因為他們所有大大小小的選擇，像是決定與這個人交配、在那個聚落定居、生幾個小孩，以及他們避免的所有事故，包括逃離掠食者、沒有採食灌木叢有毒的漿果、被某個好心的陌生人拯救，我才能出現在這裡，所以我要感謝所有創造我的人，以及所有賦予我生命的人。

借用才華洋溢的美國女詩人馬雅．安傑洛（Maya Angelou）的話：「**我一人在此，卻代表成千上萬的先人。**」

勢不可當

如果你正在尋找理想的行動團隊，成員包括其他企業領導人、創辦人和真正做事的人，一起重新制定規則，成為勢不可當的力量，請到 www.ciatoceo.com/ becomeunstoppable了解更多訊息。

國家圖書館出版品預行編目(CIP)資料

我在CIA學到的MBA實戰：12堂中情局思考法與特務工作術/露波兒.帕特爾(Rupal Patel)著；方祖芳譯. -- 初版. -- 臺北市：城邦文化事業股份有限公司商業周刊, 2023.02
272 面；17 × 22公分
譯自：From CIA to CEO : unconventional life lessons for thinking bigger, leading better and being bolder.
ISBN 978-626-7252-12-3(平裝)

1.CST: 職場成功法

494.35　　111021365

我在CIA學到的MBA實戰

作者　露波兒．帕特爾（Rupal Patel）
譯者　方祖芳
商周集團執行長　郭奕伶
商業周刊出版部
總　監　林雲
責任編輯　盧珮如
封面設計　謝佳穎
內頁排版　邱介惠
出版發行　城邦文化事業股份有限公司 商業周刊
地址　104 台北市中山區民生東路二段 141 號 4 樓
電話：(02)2505-6789　傳真：(02)2503-6399
讀者服務專線　(02)2510-8888
商周集團網站服務信箱　mailbox@bwnet.com.tw
劃撥帳號　50003033
戶名　英屬蓋曼群島商家庭傳媒股份有限公司城邦分公司
網站　www.businessweekly.com.tw
香港發行所　城邦（香港）出版集團有限公司
香港灣仔駱克道 193 號東超商業中心 1 樓
電話：(852) 2508-6231　傳真：(852) 2578-9337
E-mail：hkcite@biznetvigator.com
製版印刷　中原造像股份有限公司
總經銷　聯合發行股份有限公司 電話：(02) 2917-8022
初版 1 刷　2023 年 2 月
初版 3 刷　2023 年 6 月
定價　380 元
ISBN　978-626-7252-12-3（平裝）
EISBN　9786267252314（PDF）／ 9786267252321（EPUB）

FROM CIA TO CEO: UNCONVENTIONAL LIFE LESSONS FOR THINKING BIGGER, LEADING BETTER AND BEING BOLDER by RUPAL PATEL

藍學堂

學習・奇趣・輕鬆讀